기독교문서선교회 (Christian Literature Center: 약칭 CLC)는 1941년 영국 콜체스터에서 켄 아담스에 의해 시작되었으며 국제 본부는 미국 필라델피아에 있습니다. 국제 CLC는 59개 나라에서 180개의 본부를 두고, 약 650여 명의 선교사들이 이동도서차량 40대를 이용하여 문서 보급에 힘쓰고 있으며 이메일 주문을 통해 130여 국으로 책을 공급하고 있습니다. 한국 CLC는 청교도적 복음주의 신학과 신앙서적을 출판하는 문서선교기관으로서, 한 영혼이라도 구원되길 소망하면서 주님이 오시는 그날까지 최선을 다할 것입니다.

추천사

이만홍 박사
정신과 의사, 영성 지도자, 한국영성지도·영성상담협회 공동대표

이 책은 이제까지 그 누구도 성공적이지 못했던 땅의 심리학(정신분석학)과 하늘의 심리학(기독교 영성)을 연결하는 고리, 야곱의 사다리를 찾는 엄청난 주제를 다루고 있는 책이지만, 독자들이 쉽고도 흥미롭게 따라갈 수 있다.

저자는 고전적인 프로이트 정신분석으로부터 대상관계이론과 자기심리학에 이르기까지 정신분석의 발달을 이끌었던 핵심 주제들, 예를 들면 성애, 전이 현상, 집단무의식, 중간 대상, 하나님 이미지, 자기대상 등의 현상을 새로운 시각을 통해 뒤집어 본다. 정신분석의 혁신을 가져온 대가들의 발자취를 따라 흥미롭고도 꼼꼼하게 독자를 이끌어서, 드디어는 심리학이란 '뒤집어진 기독교 영성학'이었음을 보여 주고자 한다.

저자는 결코 독자를 억지의 논리 속으로 몰아넣지 않는다. 다만 정신분석의 개념과 기독교 영성의 현상을 나란히 대비함으로써 독자들이 스스로 뒤집어 볼 여지를 넉넉히 주고 있다.

아마도 이 책은 한동안 국내에서 심리 치료와 영성에 관심 있는 사람이라면 꼭 읽어야 할 원저로 남을 것이다.

장정은 박사
이화여자대학교 기독교상담학 교수

사람들은 자신의 치유와 변형을 가져오도록 돕는 대상에 대한 깊은 목마름을 갖고 있다. 상담학은 상담 관계에서 벌어지는 마음의 교류 작용을 관찰하며 그런 목마름을 묘사하려고 했다. 저자는 그 목마름이 하나님 이해와 어떻게 연결되어 있는지 명쾌하고 알기 쉽게 설명하고 있다.

이 책은 인간 상호관계에 대한 심리학의 묘사가 어떻게 하나님의 영과 인간 사이의 상호관계를 이야기하는지 인상 깊게 설명한다. 그런 의미에서 심리학은 우리 마음에 숨겨진 하나님을 향한 향수를 우회적으로 표현하는 '뒤집어 놓은 영성학'이다.

이 책은 상담 개입이나 테크닉을 설명하지 않지만, 상담을 대하는 우리의 시각과 태도를 몇 단계 높여 준다는 점에서 상담자를 포함한 돌봄을 베푸는 모든 이에게 강력하게 추천한다.

김 기 철 박사

배재대학교 목회상담학 교수, 한국영성노년학연구소 소장

저자가 말하듯 심리학은 '인간 내면의 왜곡된 현실'을 드러내 보이며 우리에게 인간 이해에 대한 관심과 열망을 불러일으킨다. 저자는 기존의 심리학이 온전한 인간 이해의 문턱에 머무는 한계를 보이며, 우리가 온전한 인간 이해의 길을 새롭게 깨닫도록 안내하고 있다. 우리는 하나님과 사람 사이의 관계성의 상징인 '하나님 형상'을 힘입어 온전한 자기 이해를 하고, 이를 통해 온전한 하나님 이해의 길로 나갈 수 있다.

이 책은 인간의 이면을 탐색해 온 심리학을 뒤로 좀 물러서서 살펴보게 한다. 그러니 오히려 무언가를 볼 수 있다. 저자는 심리학의 주요 이론과 개념을 특색 있고 친절하게 설명하며 독자의 이해를 돕는다. 거기 그치지 않고 독자가 심리학을 실눈을 뜨고 바라보며 좀 더 큰 그림을 보도록, 그래서 통찰을 얻도록 이끈다. 심리학은 타락한 인간상을 의도치 않게 보여 주며, 스스로 큰 화살표가 되어 하나님을 가리킨다. 이제 심리학을 접한 우리의 시선은 하나님을 향한다. 저자의 말대로 '뒤집어 읽는 심리학'이 영성학이 된다. 사람에 대해 깊이 묵상하며 하나님에게 한 걸음 더 나아가려는 이들에게 아주 유익한 책이다.

김 태 형 박사

장로회신학대학교 목회상담학 교수

이재현 교수의 저서에 추천의 글을 쓸 기회가 주어져 매우 기쁘다. 나는 2001년 신대원 입학 시절부터 저자를 알고 있다. 비록 수업을 같이 듣지는 못했지만, 늘 깊은 생각에 잠겨 서점에 앉아 책을 읽던 모습이 기억난다. 2014년에 다시 교수로 함께 학교에 들어와 섬기게 되어 매우 기뻤다. 서로 바빠 학교에서 이야기를 나누지 못하지만, 가끔씩 안부를 묻고 대화를 나누면서 꾸준하고도 열심히 연구하는 저자를 보곤 한다.

저자는 정신분석과 대상관계 이론을 알기 쉽게 간추려 주는 동시에 이를 신학적 관점과 연결시켜 독특한 목회신학적 입장을 제시해 주고 있다. 저자는 일반 정신분석학이나 심리학을 공부하는 이들부터 목회 상담학을 공부하는 이들까지, 모두에게 필요한 심리학과 신학의 내용을 아우르는 작업을 시도하고 있다.

나아가 이 책이 교양을 쌓으려는 일반인은 물론, 심리학 지식을 갖추려는 기독교인에게도 매우 도움이 될 수 있다고 확신한다. 이재현 교수의 이 노작(勞作)을 통해 독자들이 많은 도움 얻기를 소망한다.

뒤집어 읽는 심리학

Reading Psychology Upside Down
Written by Jae Hyun Lee
All rights reserved.
Korean Edition Copyright ⓒ 2021 by Christian Literature Center, Seoul, Korea

뒤집어 읽는 심리학

2021년 1월 4일 초판 발행

지 은 이 | 이재현

편　　집 | 박경순
디 자 인 | 김현진
펴 낸 곳 | (사)기독교문서선교회
등　　록 | 제16-25호(1980.1.18.)
주　　소 | 서울특별시 서초구 방배로 68
전　　화 | 02-586-8761~3(본사) 031-942-8761(영업부)
팩　　스 | 02-523-0131(본사) 031-942-8763(영업부)
이 메 일 | clckor@gmail.com
홈페이지 | www.clcbook.com
송금계좌 | 기업은행 073-000308-04-020 (사)기독교문서선교회

ISBN 978-89-341-2230-2(93230)

이 도서의 국립중앙도서관 출판예정도서목록(CIP)은 서지정보유통지원시스템 홈페이지 (http://seoji.nl.go.kr)와 국가자료공동목록시스템(http://www.nl.go.kr/kolisnet)에서 이용하실 수 있습니다. (CIP제어번호: CIP2020051401)

이 책의 저작권은 저자와 (사)기독교문서선교회가 소유합니다. 신저작권법에 의하여 한국 내에서 보호받는 저작물이므로 무단 전재와 무단 복제를 금합니다.

뒤집어 읽는 심리학

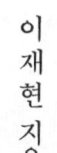

이재현 지음

CLC

차례

추천사   1
  이 만 홍 박사 | 정신과 의사, 한국영성지도·영성상담협회 공동대표
  장 정 은 박사 | 이화여자대학교 기독교상담학 교수
  김 기 철 박사 | 배재대학교 목회상담학 교수, 한국영성노년학연구소 소장
  김 태 형 박사 | 장로회신학대학교 목회상담학 교수

책머리에   11

제1장 심리학의 관점들   17
  1. 혁명의 역사   17
  2. 프로이트의 패러다임들   22
  3. 변화하는 심리학   27
  4. 기독교 심리학   33

제2장 프로이트 고고학   41
  1. 지식의 고고학   41
  2. 오스트리아 자유주의   43
  3. 프로이트와 이성주의   48
  4. 유대인 청년 과학자   53
  5. 과학적 환원주의   59

Reading Psychology Upside Down

제3장 프로이트의 이단아들 — 65
1. 프로이트라는 대명사 — 65
2. 아들러의 '공격성' — 68
3. 융이 바라본 '영'(spirit) — 74
4. 클라인의 '불안' — 83
5. 죽음 충동과 인류의 미래 — 91

제4장 성(性)과 사랑 — 96
1. '두부'가 마운팅을 하는 이유 — 96
2. 페어베언의 대상관계 이론 — 99
3. 기독교 신앙과 대상관계 이론 — 104
4. 심신일체의 사랑 — 113
5. 유아 성욕의 근원 — 118
6. 아빠와 결혼하고 싶은 아이 — 122
7. 하나님 사랑의 유비(analogy) — 127

제5장 하나님 vs. 내면의 하나님 — 133
1. 마르틴 루터의 하나님 — 133
2. 프로이트의 관점 — 136
3. 중간 대상으로서의 하나님 — 140
4. 이상적 부모를 향한 갈망 — 144
5. 자기대상 욕구와 하나님 — 149
6. 사람의 얼굴 vs. 하나님의 얼굴 — 154

제6장 거룩과 성숙　　　　　　　　　　　　　　　　161
1. 거룩한 대상　　　　　　　　　　　　　　　　　　161
2. 잠재적 믿음의 공간　　　　　　　　　　　　　　165
3. 중간 영역의 전투　　　　　　　　　　　　　　　171
4. 좌절과 성장　　　　　　　　　　　　　　　　　　176
5. 의존과 독립　　　　　　　　　　　　　　　　　　181
6. 사랑과 성숙　　　　　　　　　　　　　　　　　　186
7. 거룩과 성숙의 방정식　　　　　　　　　　　　　192

제7장 결론: 심리학, 뒤집어 놓은 영성학　　　　197
1. 영성과 심리 치료　　　　　　　　　　　　　　　197
2. 자기 사랑과 하나님 사랑　　　　　　　　　　　201
3. 관계적 유비(*analogia relationis*)　　　　　　　205
4. 영적 매개로서의 인간관계　　　　　　　　　　208
5. 전치된 욕망　　　　　　　　　　　　　　　　　　212
6. 심리학, 뒤집어 놓은 영성학　　　　　　　　　215

참고 문헌　　　　　　　　　　　　　　　　　　　　221

책머리에

이 재 현 박사
장로회신학대학교 목회상담학 교수,
희망나무 장신상담센터 수퍼바이저

영국의 선교학자 레슬리 뉴비긴(Lesslie Newbigin)은 다원화된 현대 사회가 이전의 단일화된 사회보다 오히려 더 복음을 폭넓고 깊이 있게 전할 기회를 제공한다고 이야기한다.[1] 영국의 뉴비긴이나 미국의 존 힝크슨(Jon Hinkson),[2] 한국의 경우 20년 전 신국원[3] 등의 이러한 지적은 대체로 다음의 두 가지 의미로 이해될 수 있다.

---

1 Lesslie Newbigin, 『다원주의 사회에서의 복음』(*The Gospel in a Pluralist Society*), 홍병룡 역 (서울: IVP, 2004), 448.
2 Jon Hinkson and Greg Ganssle, "Epistemology at the Core of Postmodernism: Rorty, Foucault, and the Gospel", D. A. Carson eds., *Telling the Truth: Evangelizing Postmoderns* (Grand Rapids, MI: Zondervan, 2000), 86.
3 신국원, 『포스트모더니즘』(서울: IVP, 1999), 252.

첫째, 하나의 관점이 지배적이지 않고 오늘날처럼 다양한 관점이 병존하는 사회 상황이 오히려 기독교와 그런 다양한 관점 사이에서 보다 대등하고 합리적인 대화가 이루어질 기회라는 의미이다.

둘째, 세상과의 대화를 통해 하나님과 인간에 대한 우리의 '기독교적' 이해가 보다 폭넓어질 기회라는 의미이다.

바로 이러한 대화의 가능성이 특별히 필자가 전공하는 기독교 심리학 분야에 현재 넓게 열려 있다고 생각한다. 필자는 바로 이러한 '대화'의 시도로서 이 책을 썼다.

과연 우리나라는 20년 전 신국원이 포스트모던의 위기와 기회를 이야기했을 때와 비교하더라도 현재 훨씬 더 다양한 관점이 공존하는 '탈중심화'된 사회가 되었다. 당시만 해도 사회 일반뿐 아니라 각 학술 분야에는 하나의 지배 문화나 담론 같은 것이 존재했다. 그리고 그만큼 기독교는 거기에 적극적인 대화 주체로 참여하기가 쉽지 않았다. 대신 기독교는 그 자체 내에서 지배적인 문화나 신학을 형성하며 결집해 왔다고 말할 수 있다.

이런 상황이 지금 완전히 달라졌다고 보기는 어렵지만, 과거에 비하면 확실히 사회 일반이 그런 것처럼 교회 안에도 더 다양한 목소리가 공존하게 된 것이 사실이다. 필자는 이런 탈중심화가 정말 바람직한 상황이 되려면, 다양한 시각 사이에 합리적인 의사소통이 활발하게 이루어질 필요가 있다고 생각한다. 이것은 비단 교회 내의 다양한 관점 사이에서만 아니라 교회 밖 비기독교적인 관점들과의 대화에서도 마찬가지이다.

기독교가 더 이상 이 사회에서 게토화된 이방인으로 간주되지 않으려면 교회 밖의 다양한 목소리에 마음을 열고 귀를 기울일 필요가 있다. 그리고 교회 밖에 있는 이들과 소통할 수 있는 언어로 우리의 생각을 나누려고 노력할 필요가 있다.

그러나 이것은 세상 속에서 우리의 신앙을 희석시키거나 세상의 관점과 우리 신앙을 타협시켜야 한다는 의미가 아니다. 우리는 이렇게 다원화된 사회 속에서 오히려 뉴비긴이 말한 것과 같은 '자기 확신'(confidence)을 가질 필요가 있다.[4] 더 정확히 말해 자기에 대한 확신이라기보다 세상의 주되시는 그리스도에 대한 확신이 필요하다. 이런 확신을 품고 세상에 나아가 거기서 들려오는 다양한 이야기에 귀 기울일 뿐 아니라, 거기서 들려오는 그분의 이야기에 귀를 기울여야 한다.

뉴비긴이 말하듯이 그러한 대화를 통해 "그리스도의 사랑의 너비와 길이와 높이와 깊이가 어떠함을 깨달으며"

---

4 Newbigin, 『다원주의 사회에서의 복음』, 446.

(엡 3:18-19) 우리의 이해를 확장시키는 기회로 삼아야 한다. 그리고 더 나아가 우리가 들은 그 이야기를 그들의 언어로 나누는 방법을 고민할 필요가 있다.

이 책은 특별히 심리학 분야에서 필자가 발견한 '그리스도의 이야기'를 심리학 자체의 언어로 번역하고 소통하려고 노력한 시도라 할 수 있다. 필자는 심리학의 언어를 사용했다고 하지만 혹 어떤 심리학자는 이것이 '심리학'이 아니라고 말할지 모른다.

사실 이런 반론에 그러면 당신이 말하는 심리학은 무엇이냐고 되묻고 싶지만, 그렇다고 굳이 그런 반박을 끝까지 계속하거나 혹은 이것도 심리학이라 설득하려고 너무 애쓸 생각도 없다. 우리는 합리적인 의사소통을 위해 최선을 다하지만, 그 합리성이 모든 참여자의 합의를 이끌어 내리라 기대하는 것은 아니다.

결국 믿음은 하나님 앞에서 스스로 가질 수밖에 없다. 바울의 말처럼 "믿음은 모든 사람의 것이 아니기"(살후 3:2) 때문이다. 거듭 강조하지만 그렇다고 '나에게만 진리'라는 식의 기독교 상대주의는 아니다. 이른바 '심리학에 물든 기독교'는 더더욱 아니다. 심리학과의 대화 자체를 거절하는 태도는 스스로를 고립시키거나, 세상에서 실상 이분법적인 시각을 취하는 것으로 귀결될 뿐이라고 생각한다.

이 책의 결론은 '심리학은 뒤집어 놓은 영성학'이라는 것이다. 다시 말해 우리는 인간의 심리에 대해 이야기하면서 알게 모르게 하나님에 대해 이야기할 수밖에 없다고 주장하는 것이다. 하나님은 그 무엇보다 인간 내면세계에서 주가 되시는 분이기 때문이다.

더 상세한 논의는 책 속에서 이어 가도록 하고, 잠시 이 지면을 빌려 책이 출판되기까지 도움을 주신 여러분께 감사를 표하고 싶다. 누구보다 감사한 분들은 저자가 몸담고 있는 신학교 목회 상담, 기독교 상담 전공 동료 교수들과 학우들이다. 이 책이 배태된 곳은 지난 7년간 그들과 함께했던 강의실이다. 강의실에서 그들과 함께 나눴던 기독교 심리학과 돌봄에 대한 고민이 없었다면 이 책은 결코 세상에 나올 수 없었을 것이다.

저자가 소망하는 것은 이 책이 저자의 학교 동료들뿐 아니라 한국의 모든 목회 상담, 기독교 상담 전공 학우에게 하나의 화두(話頭)를 던지는 것이다. 이 화두를 통해 우리 공동체의 학문적, 실천적 대화가 더 풍성하게 개진될 수 있다면 참으로 더 바랄 나위 없을 것이다.

그 밖에도 감사를 드려야 할 이들이 너무 많지만, 특별히 필자에게 많은 영감을 주신 선배 동료들, 특히 이 책을 읽고 과분한 평가와 추천까지 해 주신 SoH영성심리연구소의 이만홍 선생님, 이화여자대학교 장정은 교수, 배재대학교의 김기철 교수 그리고 장로회신학대학교 동료인 김태형 교수께 깊은 감사를 드린다. 또한, 이 책의 출판을 맡아 말씀처럼 '책을 잘 만들어' 주신 기독교문서선교회(CLC) 박영호 대표님과 휘하 직원들께도 감사드린다. 그리고 늘 함께하며 힘이 되어 주는 아내와 세 자녀, 특히 올해 고3 수험생으로 고생하는 맏딸 향애에게 이 지면을 빌려 고마움과 사랑의 마음을 표하고 싶다.

끝으로 이 책이 구상되고 쓰이고 책으로 만들어지기까지 모든 과정을 함께하시며 인도해 주신 하나님에게 감사드린다. 이 책이 과연 얼마나 그분의 이야기를 잘 담아내고 있는지 알 수 없지만, 분명히 말할 수 있는 것은 이 책이 그분에 대한 이 작은 자의 믿음과 사랑의 고백이라는 점이다.

하나님이 긍휼을 베푸사 속히 현재의 이 코로나 상황을 거두어 주시기를 기도하며.

2020년 8월 30일

제1장

심리학의 관점들

1. 혁명의 역사

"여러분 무엇이 보이세요?"

강의 중에 던진 질문에 여기저기서 돌아오는 학생들의 대답이 '토끼'와 '오리'로 갈린다. 저자 오른편에 앉은 학생들 가운데는 주로 '오리'라는 대답이 우세하고, 왼편에서는 '토끼'라는 답이 우세하다. 이렇게 서로 다른 대답에 잠시 어리둥절하던 학생들은 한동안 그림을 다시 들여다보다가 그제야 "아아!" 하는 감탄사를 발한다. 자신과 다른 대답을 한 사람들의 눈을 통해 그 그림을 다시 보고서야 비로소 상황을 파악하는 것이다. 이 그림은 저자가 학교에서 심리학 강의를 하면서 종종 보여 주는 그림이다. 사물이 어떻게 보이느냐 하는 것은 보는 사람의 위치, 즉 그의 관점(觀點)에 좌우되기 마련이라는 것을 보여 주기 위한 예시이다.

미국의 과학철학자 토머스 쿤(Thomas Kuhn)은 『과학 혁명의 구조』(*The Structure of Scientific Revolutions*, 1962)라는 그의 책에서 과학의 발전이 흔히 생각하듯 일직선상으로, 점진적으로 이루어진 것이 아니라고 지적한다. 그에 따르면 과학의 발전은 현상을 바라보던 기존의 관점이 갑자기 혁명적으로 뒤바뀌는 사건, 이른바 '패러다임의 전환'(paradigm shifts)을 통해 이루어진 사건이다.

쿤이 예로 드는 것은 이른바 '코페르니쿠스의 혁명'(the Copernican revolution)이다. 이 코페르니쿠스의 혁명 이후 천문학자들은 태양을 더 이상 궁창에 떠 있는 여러 행성 중 하나로 보지 않게 되었다. 대신 태양을 지구를 포함한 여러 행성이 공전하는 태양계의 중심이라고 보기 시작했다.[1] 그들이 늘 봐 왔던 태양을 전혀 새롭게 보기 시작한 것이다. 이러한 과학의 혁명에 대해 쿤은 다음과 같이 이야기한다.

---

[1] Thomas Kuhn, 『과학혁명의 구조』(*The Structure of Scientific Revolutions*), 김명자·홍성욱 역 (서울: 까치글방, 2013), 233.

혁명 이전의 과학자 세계에서 오리였던 것이 혁명 이후에는 토끼로 둔갑한다. 처음에는 위쪽에서 상자의 외부를 내려다보았던 사람이 나중에는 아래쪽으로부터 그 내부를 들여다보게 된다. 이와 같은 변형들은 대체로보다 점진적이고 거의 어김없이 비가역적이기는 하지만, 과학 분야에 공통적으로 생겨나는 부산물이다.[2]

쿤이 말하는 '패러다임의 전환'은 오늘날 비단 자연과학뿐 아니라 다양한 학문 분야와 사회 영역에서 발전과 변화를 설명하는 개념이 되고 있다. 저자가 생각하기에 쿤이 말한 이러한 패러다임 전환, 즉 현상을 바라보는 관점이 뒤바뀌는 변화가 반복적으로 이루어져 온 학문 분야 중 하나가 바로 심리학(psychology)이다.

심리학 같은 인문과학은 바깥 세계가 아니라 인간의 내면세계를 관찰하고 설명하는 학문이기 때문에 자연과학보다 더욱 주관적일 수밖에 없다. 즉 연구 주체의 관점에 따라 그 연구 대상이 더 많이 달라 보일 수밖에 없다는 것이다. 그래서 심리학 같은 인문사회과학은 인문, 사회현상을 바라보는 수많은 관점의 각축장이 되어 온 것이 사실이다. 특히 심리학의 역사는 지금까지 크고 작은 혁명과 다양한

---

2 Kuhn, 『과학혁명의 구조』, 210.

패러다임의 부침으로 점철된 역사였다고 볼 수 있다.

현대 심리학의 흐름 가운데 특별히 이 책에서 다루고자 하는 것은 이른바 정신역동 이론(psychodynamic theories)의 역사이다. 프로이트 정신분석학(Freudian psychoanalysis)에서 시작하여 멜라니 클라인(Melanie Klein)의 클라인 학파(the Kleinian School), 로널드 페어베언(Ronald Fairbairn), 도널드 위니컷(Donald Winnicott) 등의 대상관계 이론(object-relations theory), 하인즈 코헛(Heinz Kohut)의 자기심리학(self psychology), 에릭 에릭슨(Erik Erikson)의 심리사회발달 이론(psychosocial development theory) 등으로 전개되어 온 역사가 바로 이 책에서 다루고자 하는 정신역동 이론의 역사이다.

이러한 정신역동 이론은 다양하게 펼쳐진 현대 심리학의 갈래들 가운데 하나의 뚜렷한 주류를 이루는, 그 자체로는 상당히 일관성을 지녀온 심리학의 전통이라 여겨진다. 그러나 실상 이 정신역동 이론의 역사 역시 깊이 들여다보면 아주 초창기부터 거듭되어 온 '혁명'의 역사였다는 것을 알 수 있다.

정신역동 이론에 일어난 혁명의 일례로 들 수 있는 것이 손가락을 빠는 아이에 대한 로널드 페어베언의 새로운 해석이다. 어린아이가 습관적으로 손가락을 빠는 행위를 고전 정신분석학은 유아적인 성욕의 자위 행위로 해석했다. 즉 유아기 성욕은 주로 입을 통해 충족되기 때문에 아이가

손가락을 빠는 것은 그런 구강 성욕의 충족을 위한 유아적 성행위라고 본 것이다.[3]

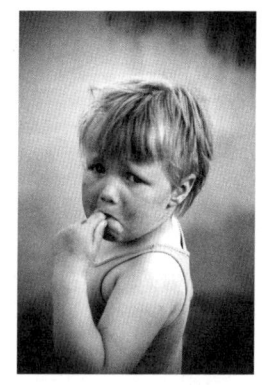

그런데 페어베언에 따르면 이러한 프로이트의 해석은 우리로 하여금 중요한 사실 하나를 간과하게 만든다. 그것은 곧 그 아이가 빨고 있는 손가락이 바로 엄마의 젖가슴을 대체하는 것이라는 사실이다.[4] 페어베언이 볼 때 이렇게 손가락을 빠는 아이에게서 성욕의 충족은 단지 부차적인 목적에 지나지 않는다. 그 아이에게 "더 궁극적인 목적은 성욕의 충족이 아니라 (엄마라고 하는) 대상과의 관계"이다.[5]

일견 작아 보일 수 있는 이러한 시각의 차이가 사실상 '혁명적'이라 할 수 있는 이유는 이제까지 정신분석에서 인간의 가장 근본적인 욕구라 여겨져 온 성욕이 이 새로운 관

---

[3] Sigmund Freud, 『성욕에 관한 세 편의 에세이: 프로이트 전집 9』(*Drei Abhandlungen zur Sexual Theorie*), 김정일 역 (서울: 열린책들, 2003), 296.

[4] W. R. D. Fairbairn, 『성격에 관한 정신분석학적 연구』(*Psychoanalytic Studies of the Personality*), 이재훈 역 (서울: 한국심리치료연구소, 2003), 47.

[5] Fairbairn, 『성격에 관한 정신분석학적 연구』, 80-81.

점에 의해서는 '부차적인 것'으로 간주되고 있기 때문이다. 그리고 단순히 그 성욕이 투사되는 '대상'이라고만 여겨졌던 '엄마'가 이제 아이에게 더 '궁극적인 목적'으로 간주되기 시작했다. 인간의 근본적인 갈망이 무엇을 향한 것인지 기본전제가 달라진 것이다.

2. 프로이트의 패러다임들

쿤이 말한 '패러다임의 전환'은 세상을 보는 관점, 즉 세계관(world-view)이 달라진 것을 뜻한다.[6]

그런데 심리학의 경우 분석가가 바라보는 세계는 저 바깥 세상이 아니라 인간 내면의 심리 세계이다. 이렇게 인간 내면 심리를 들여다보고 설명하는 심리학에는 인간 심리에 관한 저마다의 기본 전제들(basic assumptions)이 내포되어 있다. 따라서 심리학의 패러다임 전환은 인간에 대한 이 기본전제가 변화되었음을 의미하는 것이다.

고전 정신분석학의 기본전제 중 하나는 바로 인간의 근본 욕구가 생물학적 본능인 성욕(sexual desire)이라는 것이다. 정신분석학에 따르면 이러한 생물학적 성욕의 좌절과 왜곡

---

6   Kuhn, 『과학혁명의 구조』, 209.

이 바로 각종 정신질환의 원인이 된다. 프로이트는 이 같은 전제 위에서 사람들의 정신 문제뿐 아니라 각종 사회 문제나 문화 현상도 설명하려 했다. 즉 각종 사회 문제나 문화 현상 역시 그 같은 생물학적 본능의 변형된 표현이거나 공익을 위해 그것을 제어하려는 노력의 산물이라는 것이다.

인간의 본능적 충동은 현실 속에서 그들에게 불안을 야기할 수밖에 없다. 프로이트에 의하면 이러한 불안을 제어하기 위해 인간이 원시 시대로부터 발전시켜 온 제도 중 하나가 바로 종교(religion)이다.[7] 종교란 근본적으로 모체와 융합돼 있던 상태로 회귀하려는 염원인 동시에 사람들이 현실에서 경험하는 불안과 고통으로부터 자신을 구제할 어떤 대상을 희구하며 만들어 낸 환상(illusion)이다.[8]

이런 프로이트의 관점에 따르면 현실의 불안과 고통은 근본적으로 사람들의 본능적 욕구가 현실에서 좌절된 데 기인하는 것이며, 종교나 예술은 그런 좌절된 욕구를 승화(sublimation)시킨 것이라는 의미에서 근원적으로 역시 생물학적 본능의 파생물이라 할 수 있다.

---

[7] Sigmund Freud, "환상의 미래"(Die Zukunft einer Illusion), 『문명 속의 불만: 프로이트 전집 15』(*Das Unbehagen in der Kultur*), 김석희 역 (서울: 열린책들, 1997), 188.

[8] Freud, 『문명 속의 불만: 프로이트 전집 15』, 197.

그런데 이처럼 생물학적 본능이 모든 정신질환의 원인이며 종교, 예술 등 각종 사회문화 현상의 근원이기도 하다는 프로이트의 관점은 이미 당대로부터 숱한 반론에 부딪혀 왔다. 또한, 그로 인해 그의 이론은 많은 수정과 변화를 겪게 된다. 심리학자 맹정현은 프로이

지크문트 프로이트(1856-1939)

트 심리학 자체에 이미 적어도 네 개 이상의 서로 다른 패러다임들이 존재한다고 지적한다.[9] 이것은 프로이트 본인의 이론조차 서로 다른 패러다임들의 조합이며 수차례의 '도약'과 '단절'로 이루어진 불연속체라는 의미다.

물론 프로이트 심리학에는 분명 그 서로 다른 패러다임들을 연결하는 하나의 연결고리가 존재한다. 그것이 바로 생물학적 성 본능이 인간 내면의 가장 밑바탕에 있는 근본 욕구라는 기본전제이다. 그러나 이러한 기본전제가 유지되고 있음에도 프로이트 심리학이 맹정현의 지적처럼 수차의 '도약'과 '단절'로 이루어졌다는 사실은 여전히 부정할 수

---

9   맹정현, 『프로이트 패러다임』 (서울: SFP위고, 2015), 25.

없는 사실이다. 그리고 이 사실은 역시 프로이트 심리학이 인간 내면을 규명하는 '유일한 과학'이 아니라 그것을 바라보는 '다양한 관점' 중 하나라는 것을 시사한다.

프로이트 심리학이 도약과 단절의 연속체임을 보여 주는 가장 뚜렷한 징표 중 하나가 프로이트의 이른바 '죽음 충동'(death drive) 개념이다. 이 개념은 원래 프로이트의 기본 개념인 성 충동이나 쾌락 원칙(pleasure principle)과는 서로 충돌하며 잘 조화되지 않는 전혀 이질적 개념이었다.

그것은 원래 카를 G. 융(Carl G. Jung)의 제자이자 융의 내연녀이기도 했던 사비나 슈필라인(Sabina Spielrein)이 처음 제안한 개념인데, 처음 이에 대해 프로이트가 보인 반응은 매우 '방어적'인 것이었다.[10] 그 이유는 그것이 "융의 영향을 너무 강하게 받았다"고 여겨졌기 때문인데, 여기서 그가 말하는 "융의 영향"이란 정신분석에 "신화적 개념을 너무 방만하게 사용하는 것"을 의미한다.[11]

즉 프로이트는 융과 슈필라인이 무의식을 신화적인 개념으로 해석하면서 성 본능이 무의식의 근원이라는 그의 기

---

10 Coline Covington and Barbara Wharton eds., *Sabina Spielrein: Forgotten Pioneer of Psychoanalysis* (New York: Brunner-Routledge, 2003), 71. 사비나 슈필라인과 융, 프로이트의 관계는 <데인저러스 메소드> (*A Dangerous Method*, 2011)로 영화화되었다.

11 Michael Gerard Plastow, *Sabina Spielrein and the Poetry of Psychoanalysis: Writing and the End of Analysis* (New York: Routledge, 2019), 80.

본관점에서 이탈하는 경향을 보이는 데 대해 강한 경계심을 나타냈다. 당시 프로이트는 융과의 논쟁 끝에 두 차례나 실신했을 만치 융의 도발에 과민해진 상태였다.[12]

그러나 역설적이게도 결국 프로이트는 십여 년 후 그의 『쾌락 원칙을 넘어서』(*Beyond the Pleasure Principle*, 1920)에서 '죽음 충동'을 '성 충동'과 대등하게 중요한 개념으로 그 자신의 이론 속에 스스로 포함시키기에 이른다.

이것은 우선 그가 고통스러운 과거 경험을 무의식적으로

사비나 슈필라인 (1885-1942)

반복하는 환자들의 반복강박증(repetitive compulsion)을 기존의 성 본능만으로는 충분히 설명하기 어려웠기 때문이다. 즉 반복강박적으로 과거의 심리적 외상에 회귀하는 증상은 '쾌락 원칙'만으로 설명되지 않았기 때문이다.

이에 프로이트는 죽음 충동을 "유기체가 원초적 상태로 되돌아가려는 내재적 충동"이라고 재해석하면서 반복강박

---

12 C. G. Jung, *Memories, Dreams, Reflections* (New York: Vintage Books, 1989), 156.

증이 바로 이러한 죽음 충동의 발현이라고 설명한다.[13] 다시 말해 그는 이 이질적인 개념을 성 본능의 유사한 생물학적인 개념으로 재해석함으로 비로소 그의 이론체계 안으로 받아들이게 되었다. 이것은 그만큼 그가 무의식이 생물학적 본능에 기인한다고 하는 그의 원래 입장을 포기하기 어려웠음을 시사하는 것이다.

3. 변화하는 심리학

인간의 가장 근본적인 욕구가 성욕이라는 가설은 그러나 프로이트 당대와 후대에 걸쳐 끊임없이 도전에 부딪히며 개정(revision)을 거듭해 왔다. 그중 가장 '혁명적'이라 할 만한 것은 이미 언급한 대로 페어베언을 위시한 대상관계 심리학자들에 의한 변화였다.

인간의 가장 근본적인 욕구가 성욕이 아니라 대상관계욕구라는 주장, 즉 중요 타인들과의 관계가 성욕보다 더 우선적인 인간의 관심사라는 대상관계 심리학자들의 관점은 그들의 정신분석을 프로이트의 그것과 상당히 다른 모양으로

---

[13] Sigmund Freud, 『쾌락 원칙을 넘어서: 프로이트 전집 14』(*Jenseits des Lustprinzips*), 박찬부 역 (서울: 열린책들, 1997), 36.

바꾸어 놓았다.

그들은 자신들의 이론을 여전히 '정신역동 이론'(psycho-dynamic theory)이라 부르며 임상적으로 계속해서 프로이트와 비슷한 방법을 사용했지만, 사실상 알프레드 아들러(Alfred Adler)나 융의 심리학만큼 그들의 심리학은 원래 프로이트의 이론과 근본적으로 다른 것이 되어 버렸다. 이제 이 새로운 심리 치료에서는 단순한 성적 충동의 해결보다 공감적인 수용과 반영 같은 관계적 경험들이 훨씬 더 중요한 치료적 요소로 간주되게 되었다.

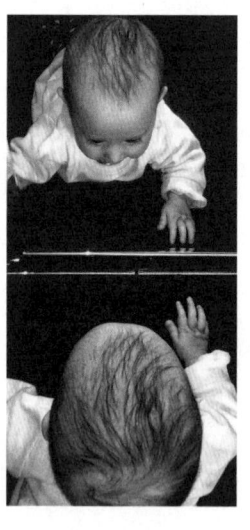

이러한 정신분석의 변화를 보여 주는 대표적 심리학자 중 하나가 바로 하인즈 코헛이다. 코헛은 여전히 자신의 심리 치료를 '분석'(analysis)이라 불렀고 임상적으로도 프로이트와 크게 다르지 않아 보이는 방법을 사용했다. 그러나 실상 그의 심리 치료는 원래 프로이트의 그것과는 매우 다른 기본전제 위에서 이루어지고 있었다.

그 기본전제란 곧 사람들의 근본 욕구가 성욕이 아니라 이른바 '자기대상 욕구'(selfobject needs)라고 하는 관점이었다. 코헛이 말하는 자기대상 욕구는 크게 세 가지로 나뉜다. 반영적 자기대상 욕구(mirroring selfobject needs), 이상적 자기대상 욕구(ideal selfobject needs) 그리고 쌍둥이 자기대상 욕구(twinship selfobject needs)가 그것이다. 요컨대 코헛은 자신의 존재를 알아봐 주는 대상, 자신이 이상화(idealize)할 만한 대상, 자신과 꼭 닮은 존재라 여겨지는 대상을 찾는 욕구가 인간 내면의 가장 근본적인 욕구라고 믿은 것이다.

흥미롭게도 코헛은 그의 내담자들에게서 성적 문제가 나타날 때조차도 그것을 단순히 억압된 성 충동의 표출이라기보다 좌절된 자기대상 욕구가 성적으로 전치(轉置)된 현상, 이른바 '성화'(性化, sexualization) 현상이라고 진단했다. 성 도착자는 "자기에게 결여된 느낌, 즉 누군가가 자신을 필요로 하는 느낌, 자신이 정말로 실재하는 것 같은 느낌, 살아 있는 느낌 그리고 힘이 있다는 느낌"을 만들어 내기 위해 성을 전용(轉用)하고 있다는 것이다.[14]

이것은 다시 말해 성이 그들의 정서적 결핍을 채우기 위한 대용물(代用物)로 사용되고 있다는 뜻으로, 프로이트가 이제까지 원인으로 여긴 것을 결과로 설명한 셈이다. 코헛의 새로운 관점은 이처럼 이제까지 프로이트 심리학이 말

---

14 홍이화, 『하인즈 코헛의 자기심리학 이야기 I』(서울: 한국심리치료연구소, 2011), 160.

하던 원인과 결과를 뒤집어 보게 했다.

물론 코헛의 자기대상 개념은 프로이트가 유아적 나르시시즘의 파생물이라 본 자아 이상(ego ideal) 개념과 연결돼 있다.[15] 프로이트에 의하면 유아의 성욕은 원초적으로 유아 자신을 향한 것인데, 이것이 바로 그가 말하는 유아의 본능적 자기성애(auto-erotism)이다. 프로이트에 의하면 이러한 유아의 자기성애가 점차 부모에게로 전이(轉移)되면서 나타나는 현상이 부모의 이상화이고, 다시 그것이 유아 자신을 향함으로 형성되는 것이 유아의 자아 이상이다.

사실상 이런 설명은 코헛이 말한 자기대상전이(selfobject transference)와 거의 동일한 과정을 설명하는 것이지만, 프로이트는 자아 이상이 근원적으로 성 본능에 기인한 것이라 보았다. 그러나 성욕이 억압되면서 인간의 이상(理想)이 만들어진다는 프로이트의 주장은 유인원이 오랜 시간이 지나 인간이 된다는 주장처럼 사실상 논리적 비약을 내포하는 것이다.

영국의 대상관계 이론가들이나 코헛은 이러한 프로이트의 성욕원인설을 그대로 따르기보다 앞에서 이야기한 것처

---

[15] Sigmund Freud, "나르시시즘에 관한 서론"(Zur Einführung des Narzissmus), 『무의식에 관하여: 프로이트 전집 13』(Das Unbewußte), 윤희기 역 (서울: 열린책들, 1997), 76-77.

럼 유아의 '대상 욕구'[16]가 성욕에 우선한다고 하는 그들 나름의 관점을 취했다. "대상 욕구가 성욕에 우선한다"라는 말은 다시 말해 아이들이 바라는 것이 궁극적으로 성욕의 충족이 아니라 부모의 관심과 사랑이라는 의미이다.

대상관계 이론가들은 성 도착 같은 증상이 근원적으로 이러한 관계의 좌절로 말미암은 현상일 뿐 아니라, 하나님을 믿는 종교적 신앙 역시 근원적으로 동일한 좌절과 결핍에 의한 것이라 보았다. 일례로 애너 마리아 리주토(Ana-Maria Rizzuto)는 기독교의 하나님이 아이들이 부모의 빈자리를 채우기 위해 만들어 낸 일종의 중간 대상(transitional object)이라 주장한다.[17] 이것은 하나님이 부모를 대체하는 대상이라는 의미로, 말하자면 하나님이 부모가 없을 때 아이들이 빠는 손가락과 본질적으로 동일한 심리적 기능을 한다고 본 셈이다.

그런데 여기서 우리가 기억할 것은 아이들이 그렇게 하나님을 마음에 품게 된 것이 그들의 부모가 없어서가 아니라 그 부모가 원래부터 그 '자리'를 채울 수 없는 존재들이기 때문이라는 사실이다. 아이들이 그렇게 하나님을 마음

---

16 Jay Greenberg and Stephen Mitchell, *Object Relations in Psychoanalytic Theory* (Cambridge, MA: Harvard Univ. Press, 1983), 154.
17 Ana-Maria Rizzuto, 『살아 있는 신의 탄생』(*The Birth of the Living God*), 이재훈 외 역 (서울: 한국심리치료연구소, 2000).

에 품게 된 것이 부모의 '빈자리' 때문이라 하지만, 사실상 그 빈자리는 부모가 없어서 생긴 빈자리가 아니라 원래부터 부모가 채울 수 없는 빈자리이다.

여기서 우리가 던져야 할 질문은 그러면 "왜 인간 안에는 부모조차 채울 수 없는 그런 빈자리가 있느냐?" 하는 것이다. 프랑스의 정신분석학자 자크 라캉(Jacque Lacan)은 인간 안의 채워지지 않는 그 '빈자리', 또는 '결핍'에 대해 말하기를 "욕망을 일으키는 것이 바로 이 결핍(lack)"[18]이라고 이야기한다.

우리는 이것을 말 그대로 그 결핍이 욕망을 일으킨다는 뜻이라기보다 인간 안에는 항상 현실에서 채움 받을 수 있는 것 이상의 무언가를 향한 갈망이 있다는 의미로 이해할 수 있다.[19] 라캉은 그 '무언가'가 무엇인지 지정할 수 없다고 보았지만, 대상관계 이론이나 자기심리학의 관점에서 보자면 사람들이 그렇게 추구하는 것이 바로 현실에 없는 '이상적 부모'(ideal parent)라고 할 수 있다.

---

[18] Dylan Evans, 『라캉 정신분석 사전』(*An Introductory Dictionary of Lacanian Psychoanalysis*) 김종주 외 역 (서울: 인간사랑, 1998), 50.
[19] Evans, 『라캉 정신분석 사전』, 281. 라캉은 "타자(부모)는 주체(아이)가 요구하는 것을 제공할 수 있지만 주체가 갈망하는 무조건적인 사랑을 제공할 수는 없다"고 설명한다.

4. 기독교 심리학

 기독교 상담가인 이만홍과 황지연은 인간이 이상화된 부모를 평생 찾아 헤매는 존재라는 심리학의 발견이 사실상 매우 '신학적인' 발견이라고 지적한다.[20] 이는 곧 사람들 속에서 발견되는 그런 심리가 성경이 말하는 인간 실존에 부합한 것이라는 의미이다.

 즉 기독교적 관점에서 "인간은 하나님의 잃어버린 자들이고 이에 그들이 잃어버린 부모, 쫓겨나온 자신의 집을 영원히 그리워하며 찾는다"라는 것은 지극히 당연한 일이라 할 수 있기 때문이다.[21] 그러나 자연 상태에서 사람들은 그들이 찾아야 할 대상이 무엇인지 정확히 알지 못한다. 그래서 그들은 그들의 부모에게서 그러한 대상을 찾다가 좌절하고, 계속해서 또 다른 대상들에게서 그런 이상적 부모를 찾아 헤매면서 반복적으로 좌절을 경험한다.

 일찍이 교부 아우구스티누스(St. Augustinus)는 이러한 인간 실존에 대해 다음과 같은 말로 고백했다. "당신은 우리가 당신을 향하도록(ad te) 창조하셨습니다. 그러므로 우리

---

20 이만홍·황지연, 『역동심리 치료와 영적 탐구』 (서울: 학지사, 2007), 244.
21 이만홍·황지연, 『역동심리 치료와 영적 탐구』, 244.

마음은 당신 안에서 안식하기까지 계속 불안합니다."[22]

기독교 사상가인 제임스 스미스(James Smith)는 이러한 아우구스티누스의 고백에 기초하여 인간을 '예배하는 인간'(*homo liturgicus*)으로 규정한다.[23] 이것은 곧 인간이 스스로 인정하든 인정하지 않든 하나님을 사랑하고 욕망할 수밖에 없는 존재로 창조되었다는 의미이다. 스미스에 의하면 서구 기독교는 플라톤(Plato)이나 르네 데카르트(René Descartes)의 영향 아래 인간을 주로 '생각하는 존재'[24]로 이해해 왔다.

그러나 이러한 서구 전통의 인간 이해는 인간의 인식적 측면에만 집중한 나머지 인간 실존을 보다 총체적으로 보지 못했다. 스미스가 이런 '생각하는 인간'의 대안으로 제시하는 것이 '사랑하고 욕망하는 존재'로서의 인간관이다. 이 인간관은 인간의 중심이 머리가 아니라 마음(*kardia*)이라고 보며, 인간을 정(情)과 육(肉)을 지닌 전인적 존재로 본다.[25] 그뿐 아니라 이것은 대상관계 심리학처럼 인간을 자기 밖의 다른 대상과의 관계를 지향하는, 관계 지향적 존재로 보는 것이다.

---

22 선한용, 『어거스틴의 고백록』 (서울: 대한기독교서회, 2003), 19.
23 James Smith, 『하나님 나라를 욕망하라』(*Desiring the Kingdom*), 박세혁 역 (서울: IVP, 2016), 57.
24 Smith, 『하나님 나라를 욕망하라』, 58.
25 Smith, 『하나님 나라를 욕망하라』, 68.

그러나 스미스가 인간을 단순히 사랑하는 존재, 욕망하는 존재라 부르지 않고 '예배하는 존재'라고 지칭하는 이유는 그 인간의 사랑과 욕망이 단순히 눈앞에 있는 사람이나 사물에 만족하지 않고 그 너머의 궁극적 대상을 지향하기 때문이다.[26] 다시 말해 그 인간의 사랑과 욕망이 궁극적으로 하나님을 향한 것이라는 의미이며, 그렇기 때문에 인간은 하나님 안에서가 아니면 궁극적인 만족을 누릴 수 없다는 것이다.

인간은 라캉의 말처럼 이렇게 늘 현실 속에서 결여(lack)를 경험한다. 그런가 하면 인간은 또 역설적이게도 현실에서 하나님 아닌 것을 하나님처럼 사랑하고 욕망하기도 한다. 역설적이지만 인간은 이렇게 하나님 아닌 것을 하나님처럼 사랑하는 심리적 우상 숭배자(idolaters)라는 의미에서도 예배하는 인간이라 할 수 있다.

우리는 이 같은 기독교적 인간관을 통해 이제까지 심리학이 계속해온 인간 내면에 대한 탐구를 재구성해 볼 수 있다. 다시 말해 이제까지 심리학과는 다른 새로운 관점으로 인간을 바라보며 이제까지 심리학의 논의를 역으로 '뒤집어' 볼 수 있다는 것이다. 이 뒤집어진 심리학의 관점은 곧 인간의 가장 근원적인 욕망이 하나님을 향한 욕망이라고

---

[26] Smith, 『하나님 나라를 욕망하라』, 73.

보는 관점이다.

이러한 관점을 통해 우리는 이제까지 프로이트 심리학과 대상관계 심리학이 바라본 인간 내면세계를 새롭게 이해할 수 있다. 패러다임이 바뀌기 때문에 인간의 내면세계도 새롭게 재발견되는 것이다. 이 새로운 기독교 심리학의 패러다임을 고전 정신분석학이나 대상관계 심리학의 패러다임과 간단히 비교해 보자면 다음과 같다.

우선 고전 정신분석학의 패러다임은 인간 내면의 가장 근원적인 욕구를 성욕이라 보고 그것이 승화되어 나타나는 현상 중 하나가 종교라고 보았다. 이런 관점에서 종교적 신앙이란 인간이 가진 자기애적 이상을 종교의 신에게로 투사하는 것이라 할 수 있다. 대상관계 이론이 이것과 다른 점은 인간의 근본 욕구가 성욕이라기보다 부모 같은 중요 대상과의 관계적 욕구라 본 점이다.

그러나 이런 대상관계 이론도 기독교 같은 종교 신앙이 부모에 대한 심리적 이상을 '하나님'이란 표상에게로 전이시킨 것이라 보는 점에서 기존의 정신분석 이론과 다르지 않다. 다만 성 도착 같은 증상에 대해서는 정신분석 이론과 좀 다르게 그것이 단순히 규제되지 못한 성욕의 발현이라기보다는 대상관계욕구의 좌절로 인한 성적 전치(sexual displacement) 현상이라 본다.

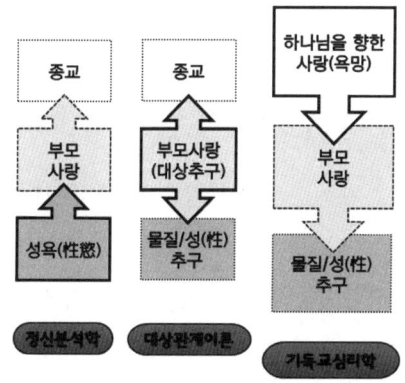

심리학의 패러다임 비교
굵은 테두리 박스는 각 심리학이 보는 인간 내면의 근본
지향성을, 화살표는 그것이 전이되는 방향을 나타낸다.

이러한 심리학 이론들과 달리 본서의 기독교적 관점은 우선 인간 내면의 가장 근본적인 욕구가 바로 하나님을 향한 것이라 보는 관점이다. 또한, 인간은 이렇게 하나님을 바라고 사랑하는 존재로 창조된 것처럼 인간 서로 간에도 역시 마찬가지로 사랑하고 사랑받기 원하는 존재로 창조되었다는 것이다.

이런 기독교적 인간관은 인간이 대상을 추구하는 존재라고 보는 점에서 대상관계 이론과 같지만, 인간에게 궁극적으로 필요한 대상이 부모 이전에 하나님이라 보는 점에서 단순한 대상관계 이론과 다르다. 기독교적 관점에서 부모는 보이지 않는 하나님의 '표상'(representation)[27]이다. 이런 관점에서 보면 하나님이 부모의 중간 대상이 아니라 부모가 자녀에게 하나님을 표상하는, 하나님의 중간 대상(God's intermediary object)이라고 할 수 있다.

더 나아가 기독교적 인간관은 비단 부모만 아니라 모든 인간이 서로에게 하나님을 표상하는 '하나님의 형상'(*imago Dei*)[28]으로 창조되었다고 본다. 이런 관점에서 사람들은 그리스도가 바로 그런 존재인 것처럼 서로가 서로에게 하나님을 비추는 '하나님의 중간 대상'이라 할 수 있다.

그런데 문제는 이런 사람들이 서로를 하나님보다 더 사랑하고 서로에게 집착함으로 서로가 서로에게 심리적 우상이 될 수도 있다는 점이다. 부모가 자녀에게, 또 자녀가 부모에게 그런 우상이 될 수 있고, 사랑에 빠진 남녀가 서로에게 그런 우상이 될 수 있으며, 목회자가 교인에게, 또 교인이 목회자에게 그런 우상이 될 수 있다. 그뿐만 아니라 인간은 다른 사람만 아니라 특정 사물이나 감각적 쾌락을 하나님처럼 사랑하고 거기에 탐닉할 수도 있다. 이것은 내면의 욕구를 다른 사물이나 대상에게로 옮기는, 심리학이

---

[27] Karl Barth, 『교회교의학』(*Die Kirchliche Domatik*) III/4, 박영범·황덕형 역 (서울: 대한기독교서회, 2018), 338-339.
[28] 이러한 기독교 신학적 관점에 대해서는 Barth, 45-2 "인간성의 근본 형태", 『교회교의학』 III/2, 오영석·황정욱 역 (서울: 대한기독교서회, 2017) 참조.

말하는 일종의 전치(displacement) 현상이라 말할 수 있다. 그런데 이것은 단순히 정서적 욕구가 아니라 하나님에게로 향해야 할 사랑을 다른 대상에게로 전치하는 것이라는 의미에서 우상 숭배적이다.

다음 장에서부터 이제까지 짧게 요약한 기독교 심리학의 관점을 보다 구체적으로 제시해 보려 한다. 그런데 이러한 논의는 실상 기존의 정신역동 이론들을 보다 구체적으로 다시 살펴보고 기독교적 관점에서 그것들을 재고해 보는 논의가 될 것이다. 다시 말해 그것은 방금 제시한 기독교적 인간관에 따라 그러한 기존의 심리학 이론들을 새롭게 재구성하는 논의가 되리라는 것이다.

이것이 결국 새로운 기독교 심리학이라고 저자가 주장하는 이유는 이 새로운 기독교 심리학이 기존 심리학과 전혀 다른 것을 이야기하는 것이 아니라 실상 기존 심리학과 동일한 내용을 다루지만 그것을 기독교적 관점에서 새롭게 재구성하는 논의이기 때문이다. 그래서 이런 시도를 우리는 게리 콜린스(Gary Collins)의 용어를 따라 심리학의 '재건'(rebuilding)이라 불러도 무방할 것이다. 혹은 이런 논의방식을 자크 데리다(Jaque Derrida)의 용어를 따라 '탈구축'(deconstruction)이라 부를 수도 있을 것이다. 이 시도는 곧 기존 심리학 이론들을 해체하면서 동시에 재구축하는 방법이기 때문이다.

이러한 '심리학의 재건' 또는 '탈구축'을 위해 먼저 다음 장에서 시도하는 구체적인 접근방식은 정신역동 이론을 그 형성 근원에서부터 파헤쳐 보는 일종의 고고학적 방법이다.

제2장

프로이트 고고학

1. 지식의 고고학

프랑스의 인문사회학자 미셸 푸코(Michel Foucault)는 『말과 사물』(*Les mots et les choses*, 1966)에서 자신의 연구 방법을 인문과학의 고고학(考古學)이라 지칭하며 그것이 특정 시대에 특정 학문이 형성될 수 있게 한 지식의 지형(地形)[1]을 파헤치는 연구라고 소개한다.

푸코에 의하면 프로이트의 정신분석학 역시 그가 '현대의 지식 구조'(the modern *episteme*)[2]라고 지칭하는 19세기 말, 20세기 초 유럽의 독특한 지적 지형 속에서 배태된 학문이다. 정신분석학이 탄생한 19세기 말, 20세기 초 유럽에는 완전히 하나로 통일되지는 않지만 서로 긴밀히 연결된 다

---

1 Michel Foucault, 『말과 사물』(*Les mots et les choses*), 이규현 역 (서울: 민음사, 2012), 17.
2 Foucault, 『말과 사물』, 419.

양한 담론들이 함께 독특한 '지식의 지형'을 형성하고 있었다. 이것을 토머스 쿤의 표현으로 바꿔 보자면 정신분석학이 하나의 정상과학으로 인정되기 위해 따라야 할 일정한 학문적 패러다임이 이미 주어져 있었다는 의미이다.

본 장에서 우리는 프로이트 정신분석학의 탄생기로 돌아가서 그러한 학문의 형성을 가능케 했던 지적 조건이 어떤 것이었는지 살펴보려 한다.

그런데 특정 학문의 형성에는 비단 그러한 지적 조건만 아니라 당시의 사회적 흐름이나 정치·경제적 상황 역시 중요하게 작용한다. 마르크시스트 사상가인 루이 알튀세르(Louis Althusser)에 의하면 하나의 사상적 구조는 그처럼 다른 여러 차원의 요인들에 의해 이른바 '중층결정'(overdetermination)되는 것이다. 프로이트의 정신분석학이 형성되는 과정에도 이처럼 당시의 학문적 여건이나 사회문화적 환경이 그의 개인사적 요인들과 복잡하게 맞물리며 상호 작용했을 것이다.

다음에서 우리는 프로이트 정신분석학의 형성과정에 그러한 요인들이 구체적으로 어떻게 서로 맞물려 작용했는지 살펴보고자 한다. 우리는 특히 그것을 다음의 몇 가지 주제를 중심으로 살펴보려 하는데, 그 주제들이란 19세기 후반 오스트리아 유대인들의 정치적 위상과 자유주의 정치 사상, 근대 이성주의와 과학주의 및 진화론적 세계관이다.

2. 오스트리아 자유주의

프로이트의 원가족(1876)
뒷줄 왼편에서부터 세 번째가 프로이트

프로이트가 유대인이었다는 사실은 프로이트의 사상에 보이지 않게 지대한 영향을 끼쳤다.[3] 프로이트가 태어나서 자란 19세 중반까지만 하더라도 오스트리아의 유대인들은 제정(帝政) 오스트리아의 심한 법적 차별과 멸시를 당하고 있었다.

---

3   Sigmund Freud, 『프로이드 자서전』(*Autobiography*), 차재호 역 (서울: 탐구당, 1989), 14.

프로이트가 어린 시절 그의 아버지에게 들은 이야기 중 하나가 젊은 시절 그 아버지가 길을 가다가 한 '기독교인'에게 봉변을 당한 이야기였다. 프로이트의 아버지 야콥 프로이트(Jacob Freud)에 의하면 그 기독교인은 아버지의 모자를 쳐서 떨어뜨리며 "이 유대인 놈아, 내 길에서 비켜!"라고 소리쳤다.[4] 야콥은 그 당시에 비하면 그나마 상황이 많이 좋아졌음을 아들에게 이야기하려 한 것이었지만, 그 이야기는 어린 지크문트에게 깊은 모멸감을 안겨 주었고 그 마음에 오랜 기억으로 남았다.

그런데 이 이야기에서 특기할 만한 점은 아버지를 모욕한 그 사람을 프로이트가 기독교인이라 기억하고 있었다는 점이다. 이 점은 유대인들을 압제한 당시 오스트리아 제정이 가톨릭 정부였으며 당시의 이러한 종교 체제가 민주화를 탄압하는 오스트리아 정부의 지배 이념과 연결돼 있었다는 점과 무관치 않을 것이다.

그러나 오스트리아 유대인들의 상황은 19세기 중반 이후 소위 오스트리아 자유주의의 대두와 함께 많이 달라졌다. 이 오스트리아 자유주의란 출신에 상관없이 누구나 시민권을 행사할 수 있는 민주적이고 합리적 정체(政體)를 구현하려는 정치 사상과 시민 운동을 뜻한다.

---

4 이무석, 『정신분석에로의 초대』(서울: 이유, 2006), 17.

물론 이러한 자유주의 운동에 의해 실현된 시민권의 확대가 모든 유대인에게 골고루 미친 것은 아니었다. 그러나 적어도 프로이트의 가정같이 빈에 거주한 중산층 유대인들은 그 혜택을 입은 수혜자들에 속했다. 그러한 정치적 변화 때문에 프로이트를 위시한 많은 빈의 유대인들이 참정권과 교육의 기회를 얻을 수 있었고, 때문에 그들은 그러한 자유주의 사상과 운동의 적극적 지지자들이 되었다.[5]

이러한 정황은 우선 프로이트의 탈종교적 태도와 무신론적 신념에 적지 않은 영향을 끼쳤으리라 추정된다. 프로이트는 죽기 전까지 그의 무신론적 입장을 고수했으며, 심지어 유대인 가정의 일반적 관습조차 그의 가정에서 없애 버렸다.

그런데 더 중요한 점은 오스트리아 자유주의 운동에 영향을 받은 프로이트의 사고방식이 그의 정신분석 이론에도 상당한 영향을 끼쳤으리라는 점이다. 이것은 문학평론가 프레드릭 제임스(Fredric Jameson)가 지적하듯이 일견 정치와 무관해 보이는 창작물 이면에도 저작자의 '정치적 무의

---

[5] Margaret Muckenhoupt, *Sigmund Freud: Explorer of the Unconscious* (New York: Oxford University Press, 1997), 17. 또한, 프로이트의 일화를 보면 프로이트가 12살 때 어떤 방랑시인이 그가 '장관'이 될 것으로 이야기했다는데, 이것은 과거 참정권조차 갖지 못했던 유대인의 정치적 위상이 그만큼 높아졌다는 사실을 시사하기도 한다. 실제로 프로이트는 학창 시절 한때 법을 공부하여 '장관'이 되려는 꿈을 꾸기도 했다. Muckenhoupt, *Sigmund Freud*, 21.

식'(the political unconscious)이 작용하고 있다는 의미이다.⁶ 프로이트의 경우 일례로 들 수 있는 것이 그의 성격구조론과 정신분석의 목적에 대한 그의 이해이다.

프로이트는 정신분석의 목적이 '자아의 강화'(the reinforcement of the ego)에 있다는 점을 분명히 했다.⁷ 여기서 자아(ego)란 "이드의 일부가 외부 현실과 접촉하며 변형된 것"⁸으로 "이드의 충동과 초자아의 요구 그리고 현실의 제약 사이에서 조화를 이루려고 애쓰는 정신 기관에 해당한다."⁹ 우리가 여기서 발견하는 것은 이러한 '자아'가 그의 내면에서 처한 자리가 19세기 말 20세기 초 프로이트가 속한 중산층 유대인들이 오스트리아 지배층과 동족 유대인들 사이에서 처한 정치적 현실, 즉 그들 자신의 정치적 입지를 확대하려고 애쓰던 상황과 매우 닮았다는 사실이다.

---

6   이러한 '정치적 무의식'에 대해서는 Fredric Jameson, 『정치적 무의식』(*The Political Unconscious*), 이경덕·서강목 역 (서울: 민음사, 2015), 9-10 참조.
7   Sigmund Freud, 『끝이 있는 분석과 끝이 없는 분석』(*Die endliche und die unendliche Analyse*), 임진수 역 (서울: 열린책들, 2005), 258.
8   Sigmund Freud, "자아와 이드"(Das ich und das es), 『정신분석학의 근본 개념: 프로이트 전집 11』(*Jenseits des Lustprinzips*), 윤희기·박찬부 역 (서울: 열린책들, 2004), 362.
9   Sigmund Freud, 『새로운 정신분석 강의: 프로이트 전집 2』(*Neue Folge der Vorlesungen zur Einführung in die Psychoanalyse*), 임홍빈·홍혜경 역 (서울: 열린책들, 1997), 106.

프로이트에 의하면 자아는 "충동적인 이드와 달리 이른바 이성(reason)과 상식(common sense)을 따라 판단, 행동하는 특징을 갖고 있다."[10] 그래서 정신분석의 목적은 바로 이러한 자아의 기능이 충동적인 본능의 욕구 및 강박적인 초자아의 억압을 극복하고 현실에서 보다 합리적인 대안과 자유를 찾아갈 수 있도록 돕는 것이다.

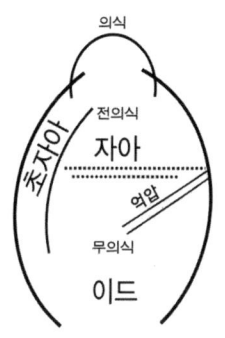

프로이트의 성격 구조 도해

우리는 이러한 정신분석의 목적이 당시 오스트리아 시민들의 자유주의 이념이나 정치 운동과 서로 매우 닮았다는 사실을 확인할 수 있다. 그것은 곧 비합리적인 과거의 전통이나 제도적 제약을 벗어 버리고 보다 합리적이고 민주적인 시민사회를 형성하려는 꿈과 노력이었다는 점에서다.

---

10 Freud, 『정신분석학의 근본 개념: 프로이트 전집 11』, 364.

3. 프로이트와 이성주의

그런데 위에서 우리가 살펴본 오스트리아의 자유주의사상은 보다 거시적으로는 근대 유럽의 계몽주의 사상과 연결돼 있다. 근대 유럽의 계몽주의란 주지하듯이 17, 18세기 유럽의 철학과 과학 사조로 시작되어 18, 19세기 유럽 곳곳에서 일어난 시민혁명의 기반이 된 사상적 흐름으로, 학문적으로는 경험주의(empiricism)와 합리주의(rationalism)의 두 갈래로 크게 나뉜다.

오스트리아는 유럽에서 이러한 계몽주의의 영향을 비교적 뒤늦게 받은 지역 중 하나였다. 19세기에 이르러서야 고조된 이러한 오스트리아의 사상적 분위기는 프로이트가 태어나기 8년 전인 1848년 이른바 '1848년 혁명'을 견인했다. 프로이트는 바로 이러한 혁명의 분위기와 계몽주의사상의 영향 아래 성장하고 교육받은 사람이며 그런 의미에서 한 사람의 '근대의 아들'이라고 볼 수 있다.

E. H. 카(E. H. Carr)가 강조하는 점 역시 바로 이 점이다. 즉 프로이트가 계몽주의사상과 19세기 자유주의의 세례를 받은 근대적 이성주의자(rationalist)였다는 사실이다. 카는 프로이트가 "인간의 비이성적 영역을 확장시켰다"[11]라

---

11 E. H. Carr, 『역사란 무엇인가?』(*What is History?*), 다문독서연구회 역 (서울: 다문, 1991), 169.

고 하는 평가는 전혀 온당치 않은 평가라고 지적한다. 오히려 "프로이트가 한 일은 인간의 무의식적인 부분을 의식화함으로 인간 이해를 확장시키고 인간 자신을 제어하는 능력을 확장시키는 일, 즉 인간 이성의 영역을 확장시키려 한 일이었다."[12]

물론 프로이트 심리학은 인간이 얼마나 많은 부분에서 무의식적 본능에 지배되고 있는지 드러냄으로써 그의 본의와 상관없이 결과적으로 이성주의의 근간을 흔들어 놓았다고도 평가할 수 있다. 그러나 카의 지적대로 "인간의 비이성적 측면을 밝힌 것과 그러한 비이성적 측면을 부채질한 것은 분명히 서로 다른 두 가지이다."[13]

인간의 비이성을 규명하고 이성을 통해 그것을 다스리려 했다는 점에서 프로이트는 확실히 근대계몽주의의 후예일 뿐 아니라 서양 이성주의 전통의 계승자이기도 하다. 프로이트의 사상은 예컨대 고대 그리스 철학자 플라톤의 사상 및 이념과 서로 닮아 있다. 우리는 이 점을 그의 성격구조론과 플라톤의 『국가론』(*The Republic*, B.C. 365년경)을 서로 비교해 봄으로써 확인할 수 있는데, 우선 양자의 공통점은 기본적인 인간 이해에 있다.

---

[12] Carr, 『역사란 무엇인가?』, 170.
[13] Carr, 『역사란 무엇인가?』, 169.

플라톤의 『국가론』은 물론 인간 심리의 규명을 목적으로 쓰인 책은 아니다. 그것은 현존하거나 가상적인 정치 체제들을 서로 비교함으로써 그가 생각하는 이상적 국가 체제를 제시하고 자신의 정치 이념을 개진한 일종의 정론서(政論書)이다. 그러나 여기에서 우리는 플라톤이 생각한 '정신 건강'이 어떤 것이었는지 일면이나마 엿볼 수 있는데, 그것은 바로 다음 도표가 보여 주는 이상적 국가 체제론을 통해서이다.

우선 플라톤은 인간 정신(psyche)이 기본적으로 세 가지 부분으로 이루어져 있다고 주장하는데, 그것은 곧 이성(logos)과 기개(thumos) 그리고 충동적 욕구(epithumia)이다.[14] 플라톤은 사람마다 이러한 품성이 다르게 나타난다고 보았다. 즉 사람 중 이성적인 부분이 강한 사람들은 '철학자', 기개가 높은 사람들은 '군인', 충동적 욕구에 주로 이끌려서 사는 사람들이 '노동자'라고 보았다. 따라서 이상적인 국가란 이 같은 '노동자'와 '군인'들을 '철학자'의 이성으로 잘 다스리고, 그들 각자가 자신의 위치에서 각자에게 주어진 역할을 잘 감당할 때 이루어지는 국가이다.

이러한 플라톤의 『국가론』에서 우리는 동시에 그의 '심리학'을 엿볼 수도 있는데, 그 이유는 그가 '정의로운' 국가

---

[14] 김인곤, "플라톤 국가", 『철학사상』 별책 제3권 8호, (서울대학교 철학사상연구소, 2004), 55.

를 '건강한' 사람에 비유하고 있기 때문이다. 플라톤에 의하면 정신과 몸의 각 부분은 각자의 위치에서 서로 질서와 조화를 이룰 때 '건강한' 사람이 될 수 있다. 이와 마찬가지로 한 국가는 그 국가를 구성하는 각 계층의 사람들이 저마다의 위치에서 주어진 제 역할을 다할 때 '정의로운' 나라가 된다.[15]

여기에서 우리는 이 상국가의 세 가지 계층과 마찬가지로 인간 정

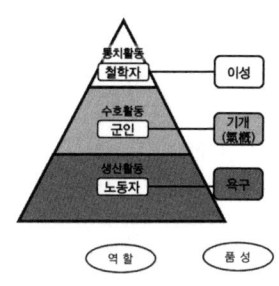

플라톤 「국가론」의 이상 국가 체제

신을 구성하는 세 부분, 즉 '이성', '기개', '욕구'가 서로 질서 있게 '다스리며 다스림을 받는' 관계를 이루어야만 건강한 인격이 유지된다고 하는 그의 기본 생각을 엿볼 수 있다. 즉 인간의 '욕구'와 '기개'는 '이성'의 다스림을 받아야 한다는 생각인 것이다.

우리는 플라톤의 이러한 심리학이 프로이트의 위상학적(topological) 성격구조론과 닮았을 뿐 아니라 프로이트가 가진 정신 건강에 관한 신념과도 대체로 일치하는 것을 확인

---

15 김인곤, "플라톤 국가", 63.

할 수 있다. 프로이트의 생각에 이드(id)는 본능적이고 충동적이어서 자아의 현실적이고 합리적인 판단에 의해 다스림을 받지 않으면 안 된다. 이러한 프로이트의 생각은 기본적으로 철학자들의 '이성'이 노동자들의 무절제한 '욕구'를 다스려야 한다는 플라톤의 생각과 서로 일치하는 것이다.[16]

이러한 일치는 물론 단순한 우연의 일치가 아니다. 청년시절 프로이트는 여러 계몽주의 사상가들의 책을 통해 플라톤을 접했고 이런 독서 경험은 이후 그의 정신분석 이론을 형성하는 기본적 자원이 되었다.[17] 이것은 플라톤을 위시한 고대 희랍 철학이 근대계몽주의 사상과 더불어 정신분석 이론의 보이지 않는 초석이 되었음을 의미한다.

---

[16] Gerard M. Gallucci, *Plato and Freud: Statesmen of the Soul* (Bloomington, IN: Xlibris Corp, 2001), 108.

[17] 프로이트는 자서전에서 '히스테리가 성욕으로 말미암는다'는 자신의 아이디어가 근원적으로 플라톤의 책에서 영향을 받았다고 고백한다. "나는 또 당시에 성 충동에서 히스테리증을 이끌어 내는 일이 의학의 시초로 되돌아가는 것이며 플라톤의 생각을 따르는 것이란 점도 모르고 있었다. 나는 나중에야 해블록 엘리스(Havelock Ellis)의 논문을 읽고 비로소 이 사실을 알게 되었다." Freud, 『프로이드 자서전』, 40-41.

4. 유대인 청년 과학자

프로이트가 근대주의자(modernist)였다는 사실은 또한 그가 과학자를 지망한 과학도였다는 점에서도 분명히 나타난다. 학창 시절 그가 과학자의 꿈을 품게 된 계기 중 하나는 수업 시간에 요한 볼프강 괴테(Johann Wolfgang Goethe)의 시―라고 그가 기억했지만, 사실은 크리스토프 토블러(Christoph Tobler)의 시―를 접한 일이었다. 이 시에서 프로이트의 마음을 사로잡은 것은 다음 같은 부분이었다.

> 자연은 끊임없이 우리에게 자기에 대해서 말해 주지만 인간은 자연의 비밀을 알지 못한다. 인간은 자연의 품 안에 살면서도 자연의 이방인이다.[18]

다분히 19세기 낭만주의의 색채가 짙은 시구이지만 이것이 프로이트에게 불러일으킨 반응은 자연에 대한 그의 과학적 탐구욕이었다. 즉 과학을 통해 그 자연의 비밀을 밝혀내는 사람이 되겠다는 포부가 그의 안에 부풀어 오르게 했던 시구이다. 그래서 그는 법을 공부하여 정치가가 되겠다는 그제까지의 꿈을 바꾸어 과학자를 지망하는 과학도가

---

[18] 이무석, 『정신분석에로의 초대』, 18.

되었다. 정치가의 꿈만 아니라 이런 과학자의 꿈 역시 그가 받은 근대계몽주의 교육의 영향이었음은 두말할 나위 없다.

1873년 17세의 프로이트는 빈(Wien)대학 의학부에 진학한다. 그의 고백에 따르면 그는 처음부터 의사가 되겠다는 생각보다는 오직 대학교정에 세워진 동상의 인물들처럼 위대한 과학적 발견을 이루어 낸 과학자가 되겠다는 포부로 가득 차 있었다.[19] 어쩌면 이러한 그의 포부에는 나중에 그가 빈 의사협회의 냉대에 부딪혔을 때 역시 그랬던 것처럼 대학에서 유대인으로서 경험한 차별에 대한 반발 심리가 작용하고 있었을지 모른다.

여하간 이런 프로이트가 학부 시절 가장 감명 깊게 읽고 영향을 받은 책 중 하나는 바로 찰스 다윈(Charles Darwin)의 『인간의 유래와 성(性) 선택』(*The Descent of Men, and Selection in relation to Sex*, 1871)이었다. 인간이 네발짐승에서부터 진화해 왔다는 다윈의 주장은 프로이트를 낙심케 하는 것이 아니라 오히려 흥분시켰는데, 그 이유는 "이 세상에 대한 인간의 이해가 앞으로도 엄청난 진보를 이룰 것이라는 희망 때문이었다."[20]

---

19 Freud, 『프로이드 자서전』, 14.
20 Freud, 『프로이드 자서전』, 14.

제2장 프로이트 고고학 55

빈대학 교정

청년 프로이트에게 깊은 영향을 끼친 또 한 명의 사상가는 루트비히 포이어바흐(Ludwig Feuerbach)였다. 특히 신학은 인간 자신의 이상의 투영일 뿐이라는 포이어바흐의 주장은 이후 프로이트의 종교관에 결정적인 영향을 미치게 된다. 우리는 이와 같은 프로이트의 청년 시절 독서 경험에서 그의 정신분석학의 사상적 근원이 어디에 있었는지 알 수 있다. 즉 인간의 이념과 종교문화 등이 모두 근원적으로 생물학적 본능에 유래하고 있다는 그의 기본 관점의 근원을 알 수 있는 것이다.

교양 과정 이후 프로이트는 저명한 오스트리아의 생리학자였던 에른스트 브뤼케(Ernst Brücke)의 생리학 실험실 연구생이 된다. 브뤼케는 생물의 활동이 눈에 보이지 않는 어떤 신비한 생명력에 의해 좌우된다는 당시 일부 학설에 반대하여 모든 생물 활동은 한, 두 가지의 단순한 물리적, 생화학적 요인으로 설명될 수 있다고 주장하는 실증주의 학파의 일원이었다.

이런 브뤼케 밑에서 프로이트 역시 동일한 신념에 따라 8년 동안 동물과 인간의 신경세포 연구에 매진했다. 의학 박사가 된 이후 프로이트는 결혼 준비와 경제적 상황으로 인해 결국 대학을 떠나 병원에 취업하게 된다. 그러나 거기서도 그는 환자를 돌보는 일보다 계속해서 임상실험실에서의 연구에 더 몰두한다. 계속해서 신경질환에 대한 연구를 수행하던 중 프로이트는 병원의 지원을 받아 프랑스 파리로 연수를 떠나게 되는데, 이때 파리에서 만난 것이 당시 신경 정신치료의 대가였던 장 마르탱 샤르코(Jean Martin Charcot)였다.

파리 연수를 통해 프로이트가 눈을 뜨게 된 것은 '히스테리아' 환자들 안에 그 자신들조차 의식하지 못하는 '무의식'(the unconscious)이 숨어 있다는 생각이었다.[21] 신경질환은 신체적, 생리적 원인에 의한 것이라는 생각이 당시 의학계의 일반적 생각이었다. 샤르코조차도 이런 생각으로 히스테리아를 주로 약한 체질에 기인한 것으로 보았다.

그러나 프로이트는 샤르코의 환자들에게서 그들의 질환이 그들 자신조차도 의식하지 못하는 '무의식의 영역'에 감

---

[21] Muckenhoupt, *Sigmund Freud*, 39.

취진 고통스런 기억으로 말미암는다는 생각을 갖게 됐다. 그리고 귀국 후 생계를 위해 어쩔 수 없이 개업한 개인진료실에서 프로이트는 자신이 만난 환자들에게서 역시 그의 그러한 생각이 옳다는 확신을 얻게 된다.

장 마르탱 샤르코의 강의실
프로이트는 샤르코가 최면을 건 그의 환자들에게서 그들 안에 '무의식'이 있다는 아이디어를 얻었다. 샤르코 교수를 존경했던 프로이트는 늘 그의 진료실에 이 그림을 걸어 놓았다.

프로이트의 이러한 무의식의 발견은 확실히 역사적으로 심리학이 일반 의학으로부터 분리되어 나오는 계기를 마련했던 것이 사실이다. 그런데 여기서 우리가 유념할 것은 이 '무의식의 발견'이 그 반대되는 역할을 수행한 것 역시 사실이라는 점이다. 즉 프로이트의 '무의식' 개념은 이후 그의 심리학이 여전히 생리학과 연결되어 있게 하는 가교 역할을 했다.

실상 서구에서 정신은 일반적으로 몸과 분리된 형이상학적 실체로 여겨져 왔다. 여기에는 물론 고전적인 희랍 사상이나 기독교 세계관이 주된 영향을 미쳤다고 할 수 있다. 만일 심리학이 계속해서 이런 고전적 세계관의 바탕 위에 발전했다면 그런 심리학은 계속 생리학과 동떨어진 형이상학적 학문 분야가 되었을지 모른다.

우리는 비근한 예를 미국 대학에서 '심리학과'를 처음 창설한 윌리엄 제임스(William James)의 심리학에서 찾아볼 수 있다. 미국 대부흥 운동의 파생물이라 볼 수 있는 제임스의 '심리학'에서 우리는 확실히 종교와의 대화는 활발히 이루어지고 있지만 생리학 또는 신경과학과의 대화는 그만큼 활발하지 못한 것을 발견하게 된다.[22] 이런 견지에서 보면 확실히 프로이트 심리학은 생리학에서부터 출발하여 인간 심리 현상에 접근함으로써 인간 심리를 보다 인간 생리현상과 가까이 연결시켜 보게 하며 심리학을 근대적인 의미의 '과학'에 보다 가깝게 만들었다고 할 수 있다.

---

[22] 이러한 예를 윌리엄 제임스의 주저(主著)인 『종교적 경험의 다양성』(1900)에서 발견할 수 있다. William James, 『종교적 경험의 다양성』(*The Varieties of Religious Experiences*), 김재영 역 (서울: 한길사, 2000).

5. 과학적 환원주의

그러나 지금 우리가 서 있는 시점에서 돌아보면 정신분석학의 형성과 발전은 반드시 그렇게 긍정적인 측면만 있는 것은 아니다. 근대과학주의자들이 말하는 '발전'은 역시 그들의 관점에서의 발전이다. 다른 관점에서 볼 때 그것은 단순히 발전이 아닐 수 있는 것이다. 근대과학은 그들이 믿는 것처럼 세상의 원리를 밝혀내기도 하지만 동시에 가리는 것이 되기도 한다. 이러한 근대과학의 맹점은 무엇보다 그것의 방법론적 환원주의(methodological reductionism)에 기인한다. 즉 어떤 현상을 한 가지 원인으로 환원시켜 설명함으로써 그 현상과 연관된 또 다른 차원의 요인들을 보지 못하도록 만드는 것이다.

대체로 근대 과학주의의 퇴조기에 탄생했다는 의미에서 근대과학의 '늦둥이'라고 부를 수 있는 프로이트 정신분석학 역시 이러한 환원주의의 문제로부터 자유롭지 못했다. 프로이트는 그의 스승인 브뤼케가 생리현상을 하나의 물리적 요인, 혹은 화학적 요인으로 환원시켜 설명하고자 한 것처럼 인간의 심리 현상을 하나의 근본요인으로 환원시켜 설명하고자 했다. 프로이트가 생각한 그 하나의 근본 요인은 바로 성(sexuality)이었다. 즉 모든 정신질환이나 신경질환이 근원적으로 성적 문제라고 본 것이다.

프로이트가 이렇게 모든 정신질환의 원인이 성이라고 본 것은 첫째 그가 실제로 진료실에서 만난 많은 환자에게 그 같은 요인이 발견되었기 때문이다. 이것은 소위 '빅토리아 여왕 시대'(the Victorian era)의 가식적 측면, 즉 일견 고상해 보이는 외양 뒤에 성 문제를 포함한 복잡한 문제들이 감춰진 19세기 유럽 중산층의 삶을 반영하는 것일 수 있다. 즉 프로이트의 치료가 실제 그렇게 이뤄졌던 것처럼 그 감춰진 문제들을 단지 말로 고백하기만 해도 치유가 이루어졌을 만치 억압되고 가려진 것이 많았던 것이다.

그런데 우리는 프로이트가 활동한 19세기 유럽 문화가 이렇게 단순히 억압과 가식으로 가득 찬 문화라고 볼 뿐 아니라, 푸코가 지적하듯이 그것이 오히려 성의 억압과 금기들에 대한 폭로를 통해 역으로 성의 담론을 활성화하는 문화였다고도 생각해 볼 수 있다.[23] 만일 이런 푸코의 지적이 옳다면 심지어 프로이트 자신의 정신분석 이론조차 부지중 이런 문화에 가세하고 있었던 것이라 할 수 있다(혹은 푸코의 지적처럼 그런 담론을 주도하고 있었던 것인지도 모른다).

한편 모든 정신질환의 원인이 성이라는 프로이트의 주장은 실상 정신분석학을 '과학'으로 만들고자 하는 그의 절박

---

[23] Foucault, 『성(性)의 역사 1: 지식의 의지』(*L'Histoire de la sexualité: la volonté de savoir*), 이규현 역 (서울: 나남신서, 2015), 15-16.

한 노력의 귀착점일 수 있다. 원래 꿈이었던 대학교수가 되지 못했을 뿐 아니라 자신의 논문이 빈의 의사협회로부터 외면당하는 힘든 상황 속에서 결국 프로이트는 사설 개업의로서 길을 걸을 수밖에 없었다.

이런 상황에서 프로이트는 자신의 이론과 치료법을 비웃는 주류 오스트리아인들 앞에, 특히 빈의 과학자와 의사들 앞에 그의 이론이 얼마나 '과학적'인 것인지 증명하려는 자기 보상적 욕구에 추동될 수밖에 없었다. 그래서 그는 그의 정신분석을 그가 아는 '과학', 즉 주어진 현상을 하나의 단순

29세의 프로이트(1885)

한 물리적 원리로 설명하는 그의 스승 브뤼케의 생리학에 최대한 가까운 것으로 만들려고 노력했던 것이리라.

우리는 이러한 프로이트의 노력을 단지 그의 '과학주의'의 견지에서만 아니라 유대인으로서 그가 가진 열등 콤플렉스의 측면에서도 이해할 수 있다. 즉 정신분석이 과학임을 증명하려는 그의 노력에서 우리는 유대인으로서 그가

오스트리아 주류층에 대해 가진 '르상티망'(*resentment*)[24]을 읽을 수 있다. 그뿐 아니라 우리는 유대인인 그가 '정상' 과학자로서 그 유럽인들 가운데 인정받고자 하는 양면 심리를 또한 엿볼 수 있다.

한편 프로이트가 인간 심리와 문화를 생물학적 본능에 연결시켜 설명한 것은 그가 동시대 가장 위대한 과학적 발견이라 믿은 다윈의 진화론에 대해 경의를 표한 것으로도 말할 수 있다. 다윈의 진화론은 프로이트에게 "인간 자신에 대한 이해가 앞으로도 더욱 크게 진보할 것이라는 큰 희망"[25]을 안겨 주었다.

프로이트는 필시 그의 정신분석 이론이 그러한 '진보' 중 하나라고 믿었을 것이다. 그러나 현재 우리가 기독교적 관점에서 볼 때 프로이트의 그러한 '진보'는 다윈의 진화론과 함께 자연과 인간의 비밀을 밝히는 동시에 가리고 있는 것이다.

먼저 그것이 밝히는 일면은 인간 문명 이면의 길들여지지 않은 '동물적 본성'과 '야만성'이다. 그런데 이것은 다

---

[24] '르상티망'은 프리드리히 니체의 용어로 자신에게 좌절감이나 열등감을 일으키는 대상에 대해 품는 앙심을 뜻하는데, 니체는 특히 유대인들이 유럽 주류 문화에 대해 가진 태도를 이 용어로 설명한다. Josef Simon, "Nitsche and Judaism and Europe", in Jacob Golomb eds. *Nietzsche and Jewish Culture* (New York: Routledge, 2001), 107.

[25] Freud, 『프로이드 자서전』, 14.

음 장에서 다시 이야기하겠지만 그저 단순한 동물성이 아니라 하나님을 떠난 피조계의 타락성일 수도 있다. 한편 프로이트 이론의 그러한 발견을 통해 오히려 가려진 진실은 그와 진화론자들이 근본적으로 동물적 본능이라 여긴 인간의 성적 욕구와 열정이 사실은 인간의 가장 고귀한 측면, '하나님의 형상'을 드러내는 것일 수도 있다는 점이다.

사실 육적(fleshly)인 욕구나 에로스적(erotic) 감성이 동물적이며 낮은 것이라는 생각은 이미 프로이트나 다윈 이전부터 있어 온 서양사상의 선입견이라 할 수 있다. 신학자 위르겐 몰트만(Jürgen Moltmann)은 그러나 기독교적 관점에서 육(flesh)은 정신보다 저급한 것이 아니라 오히려 하나님의 영이 부어지는 '구체성'으로 봐야 한다고 지적한다.[26] 같은 맥락에서 인간의 성이나 에로스적 사랑(erotic love) 역시 하나님의 열정과 사랑의 구체적 표현일 수 있다.[27] 인간이 가진 다양한 감성 역시 마찬가지이다. 성경에 따르면 인간의 감성(*kardia*)은 바로 하나님의 영이 부어지는 자리이다.[28] 때문에 하나님의 형상은 우리의 성이나 에로스적인

---

26 Jürgen Moltmann, 『생명의 영』(*Der Geist des Lebens*), 김균진 역 (서울: 대한기독교서회, 1992), 119.
27 Moltmann, 『생명의 영』, 346-347.
28 예컨대 "소망이 우리를 부끄럽게 하지 아니함은 우리에게 주신 성령으로 말미암아 하나님의 사랑이 우리 마음에 부은 바 됨이니"(롬 5:5), 또는 "너희가 아들이므로 하나님이 그 아들의 영을 우리 마음 가운데 보내사 아빠 아버지라 부르게 하셨느니라"(갈 4:6).

감성과 열정을 통해서도 드러날 수 있는 것이다.

육(flesh)이 정신(soul)보다 열등하다는 생각은 사실 기독교적이라기보다는 희랍적인 사상이다. 이러한 관점을 우리는 예컨대 플라톤의 『국가론』에서도 엿볼 수 있다. 이 『국가론』에서 인간의 '욕동'(*epithumia*)은 이성으로 다스려야 할 열등한 부분이라 간주된다. 앞에서 이미 살펴본 것처럼 다윈의 진화론과 함께 이런 플라톤의 사상은 프로이트 정신분석학의 기초를 형성했다. 그리하여 성욕(sexual drive)을 문명 이전 인간의 원시적 본능이자 이성을 통해 다스리지 않으면 안 되는 '야생의 에너지'로 보는 프로이트의 기본전제가 마련된 것이다. 그런데 이러한 전제는 우리로 하여금 인간의 '성'을 통해 나타나는 하나님의 형상을 보기 어렵게 할 뿐 아니라 기독교를 단지 강박적 죄의식과 동일시하거나 인간의 생동성을 억압하는 관념적 전통으로 축소시킬 우려가 있다.

우리는 이후에 인간의 성을 통해 표상되는 하나님 형상, 특히 하나님 사랑에 대해 더 구체적으로 생각해 보게 될 텐데, 그 이전에 먼저 다음 장에서 살펴보려는 것은 프로이트의 '성욕 이론'이 그 초창기부터 부딪쳐야 했던 여러 반론이다.

제3장

프로이트의 이단아들

1. 프로이트라는 대명사

'진화론'(evolutionism) 하면 우리는 바로 다윈을 떠올리지만, 푸코에 의하면 진화론은 사실 그보다 훨씬 이전부터 여러 자연사가(自然史家)에 의해 형성, 발전되어 온 하나의 세계관적 패러다임이었다.[1] 다윈은 이렇게 이미 형성된 진화론적 패러다임을 통해 그의 생물학적 자료들을 재해석했던 것이다. 그러므로 다위니즘(Darwinism)이란 실상 일개인의 이론이라기보다 상당한 역사적 기간에 걸쳐 형성, 발전된 해석적 패러다임이라 보는 것이 옳다. 그런데 이 점은 프로이트의 정신분석학 역시 마찬가지이다.

진화론과 마찬가지로 프로이트 정신분석학 역시 단지 프로이트 개인이 아니라 그의 동료들을 위시한 여러 정신분

---

[1] Foucault, 『말과 사물』, 226-230.

석가에 의해 형성, 발전되어 온 공동체적 산물이며, 심지어 그것의 시작조차 단지 프로이트 한 사람에 의한 것이 아니었다. 그 증거로 프로이트 정신분석학의 출발점이라고 할 수 있는 『히스테리 연구』(*Studien über Hysterie*, 1895)는 사실상 프로이트의 단독 저작이라 볼 수 없는 책이다.

사실 이 책은 프로이트의 선배 의사이자 과거 연구실 동료였던 요제프 브루어(Josef Breuer)의 임상 경험을 기초로 저술된 책이었다. 프로이트는 그의 자서전에서 이 책의 내용이 사실상 '그 핵심적인 부분은 브루어의 생각'이라는 점을 인정하고 있다.[2]

요제프 브루어(1842-1925)

그런데 브루어 자신은 정작 그러한 자신의 이론이 책으로 출판되는 것을 꺼려했는데, 그 이유는 자신의 이론이 아직 확실한 결론에 이를 만치 정리되지 않았다고 생각했기 때문이다. 브루어는 특히 프로이트의 성욕원인설에 전적으로 동의하기 어려웠다.

그가 보기에 성이 그가 임상적으로 경험한 정신질환들의

---

2   Freud, 『프로이드 자서전』, 36.

중요 요인인 것은 분명했지만, 그것이 가장 근본적 원인이라 생각하기에는 아직 규명되지 않은 부분이 많다고 여겨졌다.[3] 프로이트는 이러한 브루어의 확신 없는 태도에 조바심을 느꼈다. 그 이유는 히스테리에 대한 유사한 연구들이 당시 이미 다른 데서도 진행되고 있었고, 때문에 그는 이전에 그가 경험했던 것처럼 그의 업적이 또 다른 사람들에게 넘어갈까 염려했기 때문이었다.[4]

여기서 우리는 앞 장에서도 이야기한 프로이트의 '학문적 성취욕'을 다시 엿볼 수 있을 뿐 아니라 그의 생각이 당시 학계에서 완전히 독창적인 것이 아니었음을 확인할 수 있다. 프로이트 정신분석 이론은 이런 의미에서 이미 처음부터 한 개인의 것이 아니라 공동체적 산물이었다. 이런 공동체적 이론의 형성, 발전은 그 이후 정신분석 이론의 역사에서도 계속되는 일이다.

프로이트 정신분석 이론에서 가장 프로이트적인 부분은 역시 성욕원인설이다. 즉 성욕이 정신질환의 가장 근본적인 원인이라고 주장한다. 그런데 이 주장은 처음부터 계속해서 여러 이견과 반론에 부딪혔으며 오늘에는 사실상 거의 극

---

3   Freud, 『프로이드 자서전』, 35.
4   실상 프로이트에게는 이미 이와 같은 경험이 있었다. 그것은 그가 과거 병원 실험실에서 코카인을 의학적으로 사용하는 연구를 하고 있었는데, 그가 잠시 약혼녀를 만나러 간 사이 그 연구 결과가 동료 연구자의 이름으로 발표된 일이었다. Freud, 『프로이드 자서전』, 24.

복되다시피 한 견해이다. 그렇다면 우리는 정신분석 이론에서 프로이트의 중요성이 과연 우리가 생각한 만큼 절대적인지 물음을 던지게 된다. 어쩌면 당시 프로이트 자신 역시 이런 물음 때문에 불안을 느꼈던 것인지 모른다. 이런 추측은 프로이트가 그 자신의 견해, 특히 그의 성욕원인설에 이견을 표하는 동료들에게 매우 예민한 반응을 보인 사실들에 근거한다. 프로이트는 급기야 그가 내심 자신의 후계자로 생각했던 융조차 자신의 이론에 반대하기 시작하자 그와의 치열한 논쟁 끝에 수차례 실신을 하기까지 이른다.

그러나 넓은 시각에서 보면 이 같은 반론과 논쟁들이야말로 실제로 정신분석 이론과 현대 심리학의 발전을 견인한 원동력이었다고 평가하지 않을 수 없다. 이제 본 장에서 정신분석학의 역사 속에 구체적으로 어떤 반론과 논쟁들이 있었는지 그 몇몇 이반(離叛)의 주인공을 중심으로 살펴보고자 한다.

2. 아들러의 '공격성'

알프레드 아들러(Alfred Adler)는 프로이트와 함께 처음으로 '수요심리학회'(Wednesday psychological society, 1902)를 결성한 원년 멤버인 동시에 그 그룹과 최초로 결별한 프로이트의 첫

번째 이단아(異端兒)로 기록된다.[5] 아들러는 그러나 자신이 한 번도 프로이트의 제자인 적이 없었다고 말한다.[6] 이 말의 의미는 구체적으로 그가 한 번도 프로이트의 '성욕 이론'에 전적으로 동의한 적이 없었다는 의미이다.

아들러가 처음에 프로이트와 함께한 것은 그 역시 유대인이었으며 의사 출신으로 신체적, 생리적 요인과 심리 증상의 감춰진 상관관계를 규명하는 데 관심이 있었기 때문이다. 그러나 아들러는 점차 인간의 가장 근본적인 욕구는 생리적인 욕구가 아니라 사회적, 관계적 욕구라는 생각을 갖게 됐다.

아들러가 생각하기에 인간의 가장 근본적인 욕구는 '권력에의 욕구'(will to power), 다시 말해 강해지고 싶은 욕구이며, 이것은 곧 그들 안의 근원적인 '열등감'(sense of inferiority)을 보상하고자 하는 욕구로 나타난다. 이런 관점에서 오이디푸스 콤플렉스(Oedipus complex)와 거세 불안은 엄마에 대한 아이의 성욕에 기인한 것이라기보다 아버지의 우월함에 대한 아이의 열등의식과 보상 욕구에 기인한 현상이다. 여자아이들의 소위 '남근 선망'(penis envy) 역시 실제 남자의 성기를 부러워한다기보다 남성들이 가진 힘과 권력에 대한

---

[5] Sheldon T. Selesnick, "Alfred Adler: The Psychology of the Inferiority Complex", in Franz Alexander, Samuel Eisenstein, Martin Grotjahn eds., *Psychoanalytic Pioneers* (London: Transaction Publishers, 1995), 79-83.

[6] Selesnick, *Psychoanalytic Pioneers*, 83.

선망이라 해석된다.[7]

이것은 성욕 자체가 원인이라기보다 역으로 그것이 사회적, 관계적 콤플렉스가 표출되는 양상이라 본 것으로, 이러한 의미에서 아들러의 관점은 이후 신프로이트 학파뿐 아니라 대상관계 이론의 관점을 선취한 것이었다고도 평가할 수 있다. 다시 말해 아들러 심리학은 프로이트가 말한 원인과 증상을 역으로 뒤집어 본 것이다. 이와 같이 아들러는 프로이트의 그룹 안에서 아주 초기부터 소리 없는 반역을 일으키고 있었다.

알프레드 아들러(1870-1937)

아들러의 이론 중에서 가장 프로이트의 심기를 건드린 것은 인간의 '공격성'(aggressiveness)이 성욕 못지않게 근본적인 본능이라는 주장이었다.[8] 프로이트에게 있어 어떤 다른 본능을 성욕과 나란히 놓는 것은 그 자체가 이미 그의 이론에 대한 중대한 도전이었다. 다시 말해 성욕을 인간의 가장

---

7 Selesnick, *Psychoanalytic Pioneers*, 81.
8 Muckenhoupt, *Sigmund Freud*, 107.

근본적인 욕구라 보지 않는 이론은 프로이트 자신이 주창해 온 '심리학'이 아니며 그런 이론을 주장하는 자는 더 이상 그와 함께하는 자가 아니라 간주됐다. 그리해서 결국 두 사람의 갈등은 학회 내 두 진영 간의 갈등으로 비화되고 마침내 아들러는 1911년 그를 따르는 다른 멤버들과 함께 프로이트의 빈정신분석학회(Vienna Psychoanalytic Society)를 떠나 그들 나름의 새로운 심리학회를 창립하게 된다.[9]

정신분석 역사의 아이러니 중 하나는 이렇게 두 사람을 갈라놓은 그 공격성 개념이 그로부터 십여 년 후 프로이트 자신이 새롭게 개정한 정신분석 이론에서 성 본능 못지않게 중요한 위치를 차지하게 된다는 사실이다. 이는 제1차 세계대전의 포화와 뒤이은 경제 대공황의 암운이 유럽 전역을 뒤덮은 시기의 일이었다. 또한, 프로이트 개인적으로는 사랑하는 둘째 딸을 전염병으로 잃는 깊은 아픔을 경험했을 즈음의 일이었다.

1920년에 출간된 『쾌락 원칙을 넘어서』에서 프로이트는 그가 지난 십여 년간 전쟁과 대공황의 혼란 가운데서 경험한 인간의 공격성과 파괴본능을 '죽음 본능'(the death instinct)이란 새로운 개념 아래 포괄한다. 그리고 이 죽음 본능을 '생 본능'(the life instinct), 즉 기존의 성 본능과 나란히

---

[9] Freud, 『프로이드 자서전』, 129.

인간의 가장 근원적인 두 가지 본능으로 자리매김한다. 이 '죽음 본능'은 그 이전에 프로이트가 많은 환자에게서 경험한 반복강박증을 설명하기 위해 도입한 개념이었다. 환자들이 꿈이나 기억을 통해 과거의 고통스런 경험을 끊임없이 반복하는 증상은 아무래도 기존의 성 본능이나 쾌락 원칙만으로는 설명하기 어려운 증상이었기 때문이다. 그러나 죽음 본능은 역시 그것보다는 프로이트가 그의 진료실 밖에서 경험한 비참한 전쟁과 죽음의 성찰을 통해 얻은 개념이라 볼 수 있다.

비참한 전쟁과 죽음의 경험은 프로이트를 점점 더 비관주의자로 만들었다.[10] 프로이트는 1930년 『문명 속의 불만』(*Civilization and its Discontents*)에서 급기야 인간이 가진 '공격성'을 다음과 같이 묘사하기에 이른다.

> 인간은 사랑받기를 원하고 공격을 받아도 기껏해야 자신을 방어할 수 있을 뿐 상대를 반격하지 못하는 유순한 동

---

10 흥미로운 사실 한 가지는 이런 프로이트와 대조적으로 아들러의 경우 전쟁의 경험을 통해 오히려 인간의 긍정적 측면을 발견하게 되었다는 점이다. 아들러는 군의관으로 제1차 세계대전에 참전하면서 사람들이 동료를 위해서 헌신하는 모습을 보고 인간성에 대한 희망을 품게 되었다. 이런 경험은 이후 그가 인간의 열등감과 이기성을 극복하는 길로 제시한 '공동체감'(*Gemeinschaftsgefhl*) 개념의 기초가 된다. Selesnick, *Psychoanalytic Pioneers*, 84.

물이 아니다. 반대로 인간은 강력한 공격 본능을 타고난 것으로 추정되는 동물이다. 따라서 이웃은 그들에게 잠재적인 협력자나 성적 대상일 뿐 아니라 그들의 공격 본능을 자극하는 존재이기도 하다. 인간은 이웃을 상대로 자신의 공격 본능을 만족시키고, 아무 보상도 주지 않은 채 이웃의 노동력을 착취하고, 이웃의 동의도 받지 않은 채 이웃을 성적으로 이용하고, 이웃의 재물을 강탈하고, 이웃을 경멸하고, 이웃에게 고통을 주고, 이웃을 고문하고 죽이고 싶은 유혹을 느낀다. 인간은 인간에게 늑대다(*Homo homini lupus*). (원문 강조)[11]

프로이트는 이러한 인간의 공격성과 파괴성 그리고 인간이 가진 이기적 본성을 최대한 생물학적 범주 안에서 설명하기 위해 죽음 본능이라는 일종의 의사(擬似) 생물학적 개념을 도입했다.[12] 그러나 폴 틸리히(Paul Tillich)나 볼프하르트 판넨베르크(Wolfhart Pannenberg)가 지적하듯이[13] 기독교적

---

11 Freud, 『문명 속의 불만』, 299-300.
12 1장에서 이미 언급한 대로 '죽음 본능' 아이디어는 원래 융의 제자였던 사비나 슈필라인의 것이었다. 프로이트는 이것을 좀 더 생물학적인 개념으로 재규정했다고 할 수 있다.
13 Paul Tillich, *Systematic Theology Vol. 2: Existence and the Christ* (Chicago: The University of Chicago Press, 1957), 53; Wolfhart Pannenberg, *Anthropologie in theologischer Perspektive*, Matthew J. O'Connell tr., *Anthropology in Theological Perspective* (New York: T&T Clark International, 1985), 144.

관점에서 이런 인간의 공격성과 파괴성은 인간의 생물학적 본성이라기보다 인간의 죄성을 적나라하게 보여 주는 현상들이 아닐 수 없다.

3. 융이 바라본 '영'(spirit)

카를 G. 융(1875-1961)

프로이트는 왜 다른 이들을 제쳐 두고 카를 G. 융(Carl G. Jung)을 자신의 후계자로 지목했을까?

왜 그는 융이 그를 이어 그의 정신분석 이론을 전 세계에 전파할 적임자로 보았을까?

분명히 알 수 없지만, 우리가 그 이유를 짐작하기는 그리 어렵지 않다. 그 이유는 유대인인 프로이트가 유럽인들에 대해 가진 열등 콤플렉스로도 설명할 수 있겠지만,[14] 융이 예컨대 1912년 뉴욕 강연에서 보여

---

14 프로이트가 융을 세계정신분석학회 초대 회장으로 선임한 이유 중 하나는 주로 빈 출신 유대인들인 빈정신분석학회 회원들과 달리 융은 외국인, 즉 스위스 사람이었기 때문이다.

준 탁월한 능력, 즉 그가 얼마나 효과적으로 프로이트의 학설을 변호하며 설파하는지 보면 알 수 있다. 융은 프로이트의 성욕 이론을 설득력 있게 변호하고 있을 뿐 아니라 무의식을 탐구하는 정신분석이 왜 사회심리학에 가까운 아들러와 결별할 수밖에 없었는지에 대해서도 명확히 밝히고 있다.[15]

그러나 우리는 이러한 과정에서 융이 점차 프로이트의 원래 개념을 자기 나름의 방식으로 재해석하거나 희석시키고 있는 것을 동시에 발견할 수 있다. 예컨대 그는 정신분석학에서 말하는 유아성욕(infantile sexuality)이 흔히 생각하는 성인의 성욕과는 다른 것이라 주장한다. 그러면서 프로이트의 리비도(libido) 역시 자기 나름의 관점으로 인간 보편의 무의식적 욕망이라 재해석한다. 즉 그것을 단지 성욕에 국한되는 것이 아니라 인간 정신 에너지 전반을 지칭하는 포괄적 의미로 재규정하는 것이다.[16]

이렇게 해서 융은 점차 '무의식'의 개념을 단순히 개인적, 생물학적 차원이 아니라 '집단무의식'(collective unconscious)의 차원으로, 전 인류적 차원의 보편적 정신 현상을 가리키는 의미로까지 확장시킨다. 융은 누구보다 효과적으

---

15 Jung, *Freud & Psychoanalysis: Collected Works of C. G. Jung*, Vol. 4, R. F. C. Hull tr. (New York, NY: Routledge, 1989), 328.
16 Jung, *Freud & Psychoanalysis*, 111.

로 프로이트를 변호하는 듯하지만 사실상 프로이트 심리학을 그 근본에서부터 뒤엎고 있었다.

융은 프로이트의 무의식 개념이 지나치게 유사 생물학적이며 환원주의적이라 생각했다. 융이 보기에 아들러의 심리학이 모든 것을 권력 욕구로 환원시키는 것과 마찬가지로 프로이트의 심리학은 모든 것을 성욕으로 환원시키고 있었다.[17] 융이 보기에 이 두 가지 관점은 둘 다 그 나름의 설득력을 갖고 있지만, 어느 것도 복잡 심오한 인간 심리를 포괄적으로 설명해 주지 못한다. 그래서 융은 인간 심리에 대한 보다 포괄적이고 다원주의적 시각을 취하기로 선택한다.

1929년에 발표된 "프로이트와 융의 대조"(Der Gegensatz Freud und Jung)라는 글에서 그는 자신의 심리학이 어떻게 프로이트의 이론과 다른지 설명한다. 그러면서 그는 자신의 이론이 심지어 모종의 '영적 존재와의 조우(遭遇)'까지도 연구 대상에서 배제하지 않는다는 입장을 표명하기에 이른다.

> 그것을 성욕이라 부르건 권력욕이라 부르건 나는 자연의 본능이나 충동이 인간 심리를 좌우한다는 사실을 부정하지 않는 것과 마찬가지로 이러한 충동이 영적인 존재와 조

---

17 Jung, *Freud & Psychoanalysis*, 329.

우하고 있다는 사실 역시 부정하지 않는다.

그러한 무언가와의 조우가 끊임없이 일어나고 있을진대 그 무언가를 '영'(spirit)이라 부르는 것이 왜 잘못된 일인가?

나는 '영'이란 것이 진정 무엇인지 잘 알지 못한다. 이것은 내가 본능이란 것이 무엇인지 잘 알지 못하는 것과 마찬가지이다. 두 가지 모두 내게는 신비로운 존재이다. 전자를 후자의 잘못된 이해라고 할지 말지도 잘 모르겠다. 지구의 위성이 하나라는 사실이 잘못된 이해가 아니라면 세상에 그 자체로 잘못된 이해는 없다. 잘못된 이해는 항상 우리가 '올바른 이해'라고 부르는 것의 관점에서 잘못된 이해인 것이다. 확실히 본능도 영도 내 이해 능력 너머에 있다. 그것들은 우리가 알지 못하는 미지의 힘들을 부르는 이름들이다.[18]

이 같은 견지에서 융은 프로이트가 『환상의 미래』(*The Future of an Illusion*, 1927)에서 보여 준 것 같은 종교 이해, 이를테면 종교가 유아적 무력감과 의존 욕구 때문에 사람들이 부성적 보호를 바라는 심리로부터 유래했다는 프로이트의 생각이 얼마나 종교적 경험에 대한 몰이해와 편견을 보

---

[18] Jung, *Freud & Psychoanalysis*, 336.

여 주는지 비판하기에 이른다.[19] 융 자신은 그러므로 이 같은 몰이해와 편견을 지양하고 "모든 종교에 대해 긍정적 자세를 취하겠다"[20]라는 입장을 표명한다. 이는 곧 모든 것을 프로이트처럼 "유아기의 무력함과 자신을 지켜줄 아버지를 동경하는 것"[21] 같은 초보적인 가족 서사(family romance)로 환원시키는 태도를 지양하겠다는 의미이다.

이러한 융은 구체적인 임상 사례를 분석하는 데 있어서도 프로이트와 분명한 차이점을 나타낸다. 예컨대 그는 자신의 아버지에게 정신적 예속 상태에 빠진 그의 여성 환자에 대해 그녀를 그 아버지에게 예속시키는 힘이 단순히 프로이트가 말하듯 부모 성애(性愛)에 있는 것이 아니라 주장한다. 그녀를 예속하는 힘은 그 아버지 자신이라기보다 그 아버지를 통해 작용하는 원형적 이미지, 소위 '아버지 이마고'(the father imago)라고 그가 부르는 인류 보편의 집단무의식이다. 이는 그 힘이 개인의 차원을 넘어서는 초개인적인 '마성적 힘'(demonic power)이며, 그것이 그 아버지를 통해 일으키는 현상이 바로 그런 무의식적 예속 상태라는 분석이다.[22]

---

19 Freud, 『문명 속의 불만』, 188. Jung, *Freud & Psychoanalysis*, 335.
20 Jung, *Freud & Psychoanalysis*, 337.
21 Freud, 『문명 속의 불만』, 252.
22 Jung, *Freud & Psychoanalysis*, 314.

이러한 융의 분석과 프로이트 정신분석의 차이는 또한 그들의 치료적 접근에 있어서의 차이로도 나타난다. 즉 융은 이 같은 문제를 프로이트처럼 단지 가족사의 문제로 환원시켜서는 안된다고 본 것이다. 융은 더 바람직한 해결책이 "좁은 원가족의 범위를 벗어나 더 넓은 사회관계 속에서" 찾아질 수 있다고 주장한다.[23] 구체적으로 융의 해결책은 환자가 가족이 아닌 다른 사람과의 관계에서—예컨대 치료자인 융 자신과의 관계에서—보다 긍정적인 '부모 이마고'를 만날 수 있도록 돕는 것이었다.

한편 융은 비단 정신치료만 아니라 종교적 신앙이 그런 긍정적 '부모 이마고'를 만나는 통로, 즉 치유적 통로가 될 수 있다고 보았다. 융에 의하면 "종교에는 아버지, 어머니 이마고 들이 중요한 역할을 한다. 종교의 유익은 그 효력에 있어 부모의 사랑이 아이에게 쏟아부어지는 것과 같다."[24] 그래서 융은 사람들이 종교를 통해 이처럼 긍정적인 부모상을 만나고 그런 무의식적 원형과 '통합'을 이루는 과정을 통해 새로운 자신을 찾아갈 수 있다고 믿었다.

이런 융의 관점은 결국 기독교에서 말하는 '성화'(sanctification)와 영적 성숙을 그 자신의 독특한 심리학적인 견지

---

23 Jung, *Freud & Psychoanalysis*, 314.
24 Jung, 『상징과 리비도: 융 기본저작집 7』(*Symbole der Wandlung*), 한국융 저작 번역위원회 역 (서울: 솔, 2005), 138.

에서 재해석한 것으로도 볼 수 있다. 다만 기독교적 관점에서 이런 융 심리학의 아쉬운 점은 그가 강조하는 '원형들'(archetypes)과의 조우가 어둠과 빛 사이의 영적 식별을 빠뜨리고 있다는 점이다.

여기서 다시 우리가 프로이트와 융의 초기 갈등 시점인 1910년대로 돌아가 보면 우리는 왜 프로이트가 이러한 융의 '신비주의적 해석'에 대해 심각한 우려를 표했는지 가히 이해할 만하다. 원래 의학을 전공한 프로이트의 계획은 정신분석을 다른 의료과학에 견줄 만한 독자적인 '과학'으로 자리매김하는 일이었다. 이런 프로이트의 입장에서 무의식의 해석을 신화적 상상력으로 가득 채우는 융의 방식이 그제까지 그의 노력을 기초부터 흔드는 심각한 도발로 여겨졌던 것은 충분히 납득할 만한 일이다.

그러나 한편으로 융의 집단무의식이란 개념은 『토템과 터부』(*Totem and Taboo*, 1913)에서 볼 수 있듯이 이미 프로이트 자신이 융과 공유하고 있던 개념이기도 했다. 또한, 『쾌락 원칙을 넘어서』에 이르러서는 프로이트 자신 역시 죽음 충동이라는 거의 신화에 가까운 개념을 도입함으로 그의 기존 이론에 중대한 수정을 가하게 된다. 그의 정신분석 이론 역시 다른 여러 분석가의 영향 아래 계속적으로 변화하고 있었다.

정신분석 이론이 이처럼 변화 가운데 놓인 당시 상황은 실상 정신분석만 아니라 전후 유럽 사회 전체가 변화의 소용돌이에 휩싸인 상황이었다. 프로이트가 인류의 죽음 충동을 목격한 참혹한 전쟁(제1차 세계대전, 1914-1918)은 융의 견지에서 보자면 인간의 자기 파괴적이고 공격적인 집단무의식이 발현된 현상이었다. 그것은 또한 유럽의 이성주의와 과학주의가 그 중대한 결함을 드러낸 현상이기도 했다. 이러한 전쟁과 이어지는 대공황의 고통스러운 경험은 아마도 그들로 하여금 인간에게 진정한 치유가 무엇인지 되묻게 했을 것이다. 융이 생각하는 그 길은 근대 이성이 배제해 버린 그들의 '그림자'(shadow)를 되찾아오는 길이었다. 그리고 그가 되찾아야 한다고 생각한 그 그림자 중 한 가지가 바로 종교 안에 있었다.

한편 프로이트의 경우는 비록 정신분석의 실효성에 대해 스스로조차 의문을 품고 있었지만,[25] 융이 취한 것 같은 전향적 입장을 취하기는 어려웠을 것이다. 그런 변화는 그가 스스로 세운 것을 허무는 일이 되기 때문이었다. 1938년 프로이트는 그의 아내 그리고 그의 딸 안나 프로이트(Anna Freud)와 함께 나치를 피해 영국으로 망명한다. 그리고 런던

---

[25] "분석의 힘은 무한하지 않고 제한적이다. 그것의 결과는 항상 서로 상충하는 정신기관들 사이의 상대적 역학관계에 좌우되는 것이다." Freud, 『끝이 있는 분석과 끝이 없는 분석』, 251.

의 한 교외에 거주하며 오랫동안 그를 괴롭혀 왔던 턱뼈암과 투병하던 끝에 마침내 1939년 늦가을 쓸쓸한 그 타지에서의 죽음을 맞이하게 된다.

전언에 의하면 죽음을 앞둔 프로이트가 마지막으로 책장에서 꺼내 와 읽은 책이 오노레 드 발자크(Honore de Balzac)의 소설 『나귀 가죽』(*La Peau de chagrin*)이었다. 발자크의 이 소설은 자신의 욕망을 이룰 때마다 저주로 인해 피부가 점점 쪼그라들어 죽음에 이르는 주인공의 비극적 말로를 그린 소설이다. 이 주인공의 딜레마는 프로이트 자신을 포함한 모든 인간이 벗어날 수 없는 역설, 즉 생본능과 죽음 본능 사이의 역설을 보여 주는 듯하다. 또한, 그것은 동시에 당시 전쟁과 대공황 속에서 유럽 사회가 경험한 진보와 파멸 사이의 딜레마를 보여 주는 듯도 하다.

발자크의 소설 「나귀 가죽」의 삽화

4. 클라인의 '불안'

마지막으로 본 장에서 살펴볼 프로이트의 이단아는 멜라니 클라인(Melanie Klein)이다. 그러나 사실 멜라니 클라인은 프로이트 생전에 한 번도 공공연하게 프로이트에게 반기를 든 적이 없을 뿐 아니라 자신의 이론이 프로이트의 친딸 안나 프로이트의 이론보다 오히려 더 원래 프로이트에 가깝다고 자처했던 심리학자였다.[26] 그러므로 그녀가 프로이트의 이단아로 규정된 것은 그녀 자의에 의한 것이 아니라 주로 타의에 의한 일이었다고 할 수 있다.[27]

그러나 그녀가 영국으로 건너간 1920년대 말부터 1930년대 말에 이르기까지, 즉 프로이트 부녀가 런던으로 건너오기 전까지 대략 십여 년 동안 클라인의 이론은 영국에서 그 나름의 독자적인 영역과 영향력을 확보했다. 그리고 이

---

26 Julia Segal, 『멜라니 클라인』(*Melanie Klein*), 김정욱 역 (서울: 학지사, 2009), 45.
27 영국에서 이른바 '논쟁적 토론'(controvertial discussion), 즉 클라인 학파와 프로이트 학파 사이의 본격적 논쟁이 벌어진 것은 프로이트가 죽은 지 4년이 지난 1943-1944년이었다. 이 논쟁은 프로이트 학파 진영이 클라인 이론을 공격함으로 시작되었으며, 이를 계기로 클라인 학파와 프로이트 학파는 실제적으로 갈라서게 됐다. 아이러니한 사실은 이 논쟁에서 클라인을 가장 적극적으로 공격한 사람이 바로 클라인의 친딸인 멜리타 슈미데베르크(Melitta Schmideberg)였다는 사실이다. Julia Segal, 『멜라니 클라인』, 46-49 참조.

러한 그녀의 이론은 확실히 다음의 몇 가지 중요한 부분에서 프로이트 이론과 차이점을 나타냈다.

우선 첫 번째로 클라인은 아들러와 마찬가지로 부모에 대한 공격성(aggression)을 유아의 가장 기본적인 본성 중 하나로 보았다. 클라인에 의하면 이러한 유아의 공격성은 투사적 동일시(projective identification)를 통해 상대방이 오히려 자신을 공격할지 모른다는 유아의 박해 불안(persecutory anxiety)으로 변형되어 나타난다.[28] 유아의 공격성은 한편으로 이러한 박해 불안에 의한 유아의 방어적 반응이라고 볼 수 있다.

클라인은 이러한 유아의 공격성과 박해 불안이 성욕보다도 더 지배적인 유아의 특성이라 보았다. 요컨대 클라인은 유아를 성욕보다는 두려움(fear)으로 가득한 존재로 보았다. 이러한 그녀의 관점은 무엇보다 그녀 자신의 자녀를 포함한 많은 아동과의 임상 경험에 근거한 것이었다.

원래 프로이트는 불안이 성욕의 억제로부터 말미암는 것으로 생각했다. 그런데 클라인은 유아의 불안과 공격성이 훨씬 더 근본적인 인간 본성이라 봄으로써 원래의 프로이트와 관점을 달리했다고 할 수 있다.[29]

---

28 Hanna Segal, 『멜라니 클라인: 멜라니 클라인의 정신분석학』(*Klein*), 이재훈 역 (서울: 한국심리치료연구소, 1999), 69-70.
29 Segal, 『멜라니 클라인』, 123-124.

클라인과 그녀의 자녀
왼쪽이 장녀 멜리사, 가운데가 청년기에 요절한 장남 한스

그렇지만 정작 그녀보다 먼저 프로이트의 원래 관점을 뒤집은 것은 바로 프로이트 자신이었다. 이것은 프로이트가 그의 『쾌락 원칙을 넘어서』에서 죽음 충동을 성 충동과 나란히 놓음으로써 그런 공격성을 가장 근본적인 인간 본성 중 하나로 규정한 것을 의미한다. 이로써 그는 인간의 불안이 근원적으로 인간 안의 서로 충돌하는 그 두 가지 본성, 즉 생 충동과 죽음 충동 사이의 갈등으로 말미암는다고 주장하기에 이른다.

클라인이 자신의 박해 불안 개념이 프로이트에 가까운 것이라 했을 때 '프로이트'란 바로 이 시점의 프로이트를 의미했을 것이다. 클라인이 말하는 불안은 요컨대 자기 안에 있는 강한 죽음 충동에 대해 두려워하는 반응이었고, 이 것은 『쾌락 원칙을 넘어서』의 프로이트의 관점에 상응하는 것이었다고 할 수 있다. 따라서 클라인이 프로이트의 원관점을 뒤집어 놓았다고 하지만 실상 그것은 프로이트 스스로가 이미 행한 자기개정의 연장 선상에 있었다고 볼 수 있는 것이다.

또 한 가지 클라인과 프로이트의 중요한 차이점은 클라인이 클라인이 유아를 성욕의 충족보다 우선적으로 대상과의 관계를 지향하는 존재로 보았다는 점이다. 이해했다는 점이다. 바로 이런 이유에서 클라인은 이른바 대상관계 이론의 선구자로 여겨질 수 있다. 그런데 실상 이렇게 클라인이 대상관계의 추구를 유아의 주된 심리적 동기로 본 것 역시 프로이트 자신이 이미 제시한 '새로운 관점'의 계승이라 볼 수도 있다. 『억제, 증상 그리고 불안』(*Inhibitions, Symptoms and Anxiety*, 1926)에서 프로이트는 불안이 '대상 상실'에 대한 두려움이라고 이야기한다.[30]

여기서 프로이트가 말하는 '대상 상실'이란 유아 자신이 가진 죽음 충동으로부터 그를 지켜줄 수 있는 중요 대상의 상실을 의미한다.[31] 그렇다면 우리는 여기서도 역시 클

---

30 Freud, 『억압 증후 그리고 불안: 프로이트 전집 12』(*Hemmung, Symptom und Angst*), 황보석 역 (서울: 열린책들, 1997), 279.
31 Freud, 『억압 증후 그리고 불안: 프로이트 전집 12』, 317.

라인의 '새로운 관점'이 실상 프로이트 자신이 이미 먼저 제시한 관점의 계승이라는 사실을 확인할 수 있다. 클라인이 '편집분열적 자리'(paranoid-schizoid position)에 대해 설명하면서 이것이 유아가 자신의 '좋은 대상'을 '나쁜 대상'으로부터 분리시킴으로 그 '좋은 대상'을 지키기 위한 반응이라 한 것 역시 프로이트가 말한 그 대상 상실의 불안에 대한 방어를 의미한 것이다. 이런 의미에서 우리는 자신을 변호해 주지 않은 프로이트에게 클라인이 그처럼 섭섭해했던 이유를 이해할 수 있다.

그러나 그럼에도 여전히 클라인 이론이 프로이트 이론을 잠재적으로 전복하는 이론일 수 있는 이유는 클라인이 관찰한 유아의 '성'이 다분히 그녀가 보다 근원적이라 여긴 불안 심리의 파생물 내지 상징적 표현이라 볼 수 있기 때문이다. 일례로 들 수 있는 것이 리처드(Richard)라고 하는 소년의 사례이다. 리차드는 어떤 부랑자가 창문을 뚫고 들어와 자기 엄마를 해치거나 납치해 갈지 모른다는 불안에 시달리고 있었다. 클라인은 이러한 리차드의 불안이 그의 아빠의 '성기'가 엄마를 해칠지 모른다는 두려움이 나타난 것이라 해석해 준다.

여기서 우리는 우선 그녀가 얼마나 자신의 말처럼 프로이트적이었는지 엿볼 수 있다. 그런데 여기서 우리가 유념할 점은 이런 그녀의 해석이 실제로 치유적이었는지 문제는 차치하고 그 해석을 수용한 리차드 자신이 정작 '성기'(genital)라는 단어의 의미조차 모르고 있었다는 사실이다.[32] 실상 이 치료적 해석은 전쟁이라는 불안한 상황에서 아이가 가진 막연한 두려움을 분석가의 프로이트적 용어로써 '언어화'해 준 것이다.[33] 이 해석에서 '성기'라고 하는 분석가의 '난해한 용어'는 아이가 자신의 막연한 두려움을 투사하는 하나의 '상징'이 되고 있다.

물론 아이들에게 있어 성은 단순히 상징이 아니라 감각적, 신체적으로 경험하는 실재이기도 하다. 예컨대 유아가 빠는 엄마의 젖꼭지가 그러한 실재적 대상이다. 클라인에 의하면 엄마의 젖꼭지는 실제로 아이가 자신의 욕망과 두려움을 투사하는 대상이 된다.

그런데 그녀의 이론에 따르면 이때 그 젖꼭지에 투사되는 아이의 욕망은 단순히 구강적 성욕이 아니라 '좋은 대상을 향한 갈망'이다. 다시 말해 유아가 경험

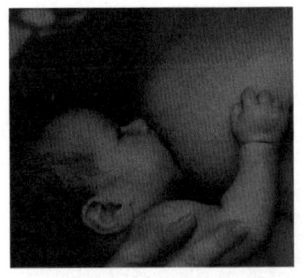

---

32 Segal, 『멜라니 클라인』, 151.
33 클라인의 분석의 힘이 "상징적 언어화"에 있다는 견해에 대해서는 Lavinia Gomez, 『대상관계 이론 입문』(*An Introduction to Object Relations*), 김창대 외 역 (서울: 학지사, 2008), 88 참조.

하는 구강적 만족은 성욕의 충족이라기보다 그러한 '좋은 대상 욕구'의 만족인 것이다. 여기서 젖꼭지가 주는 성적 쾌감(sexual pleasure)은 유아의 궁극적 목적이라기보다 부수적인 결과일 뿐이다. 유아의 더 궁극적인 목적은 자신의 이상적 대상관계를 유지하는 것이다. 때문에 젖이 잘 나오지 않는 젖꼭지는 유아에게 단순히 성욕의 좌절이 아니라 좋은 대상 욕구의 좌절을 가져다주는 것이며, 이에 대한 유아의 분노와 공격성은 그러므로 그러한 대상을 빼앗긴 데 대한 방어적 반응이라고 할 수 있다.

이렇게 볼 때 결국 클라인은 비록 스스로 프로이트 이론에 충실했다고 생각했지만 실제로 원래의 프로이트 이론과 상당히 다른 이론을 발전시키고 있었다. 이런 견지에서 우리는 정통 프로이트주의자들이 클라인의 이론에 대해 의심과 경계를 표했던 이유를 이해할 수 있다. 그러나 클라인 자신은 자신이 한 발견이 만일 프로이트 스스로가 "할 수 있었더라면 프로이트 자신에게조차 더 큰 광영을 가져다주었을 그런 가치 있는 발견"이라고 믿었다.[34] 이런 그녀의 믿음이 그녀가 어니스트 존스(Ernest Jones)에게 쓴 다음과 같은 편지글에서 드러나고 있다.

---

[34] 클라인이 어니스트 존스에게 쓴 편지 중. Pearl King and Riccardo Steiner eds., *The Freud-Klein Controversies 1941-45* (New York, NY: Routledge, 1991), 175에서 재인용.

여기서 제가 한 경험은 실로 놀라운 것이어서 쾌락 원칙도 넘어서고 자아와 이드도 넘어서는 것입니다. 저는 제 작업 속에서 새로운 빛이 나타나고 그 빛 아래 모든 것이 바뀌는 경험을 했습니다. 특별히 저는 공격성이나 보상 기제가 인간 내면에서 수행하는 작용을 보면서 이것을 느꼈습니다. 이로부터 그동안 제가 몰두해 왔던 우울증에 대한 엄청난 통찰의 길이 열렸습니다. 저는 우울증의 원인과 내용에 대해, 사랑과 증오를 비롯한 인간 감정의 엄청난 넓이에 대해 이해하게 되었습니다. … 그러나 이것을 보지 못하는 사람들에게 이것을 설명하는 것은 너무나 어려운 일입니다. <u>저는 이런 발견을 만일 프로이트 선생이 했더라면, 그래서 세상에 발표할 수 있었더라면 그에게 엄청난 영광과 권력을 가져다주었을 만한 가치 있는 발견이라 생각합니다.</u> (저자 강조)[35]

여기서 클라인이 경험했다는 통찰은 특별히 인간의 우울증과 공격성에 대한 통찰이었다. 그런데 이러한 우울증과 공격성은 그녀가 비단 그녀의 환자들에게서만 아니라 그녀 자신 안에서, 특히 남편과 이혼하고 낯선 땅에서 홀로 일어서는 과정에서, 또 사랑하는 아들이 죽고 심지어 자신의 친

---

[35] King and Steiner eds., *The Freud-Klein Controversies 1941-45*, 174-175.

딸까지 자신의 적으로 돌아서는 현실을 경험하면서 그녀 자신 안에서 발견하는 증상들이기도 했을 것이다.

그뿐만 아니라 사실 그런 우울과 공격성은 경제공황과 전쟁으로 황폐화된 당시 유럽 사회 전체에 만연한 증상이기도 했다. 이는 곧 그런 상황 속에서 사람들이 갈망한 것이 단순히 성적 만족이 아니라 현실의 불안과 두려움으로부터 그들을 구원할 어떤 궁극적 대상이었으며, 그들의 우울증은 바로 그러한 대상의 부재로 말미암은 증상이었음을 시사하는 것이다.

5. 죽음 충동과 인류의 미래

이상에서 우리는 20세기 초 유럽을 휩쓴 전쟁과 대공황이 심리학자들의 바깥 현실뿐 아니라 인간 내면을 보는 시각 역시 바꾸어 놓았다는 사실을 확인할 수 있었다. 이렇게 인간 내면을 다르게 보게 된 것은 비단 프로이트의 '이단아들'만 아니라 프로이트 자신이기도 했다. 특히 노년의 프로이트가 사람들의 내면에서만 아니라 바깥의 현실 속에서, 특별히 그때까지 그를 따르던 심리학자들의 공동체 가운데서 발견한 것은 모든 것을 허물고 와해시키려는 죽음 충동의 실재성이었다.

제1차 세계대전의 참상

프로이트는 이 '죽음 충동'을 여전히 개인 안에 내재하는, 어떤 생물학적 본능에 가까운 것처럼 설명하지만 실상 20세기 초 유럽의 전쟁으로 드러난 인간의 공격성과 파괴성은 그렇게 한 개인의 속성이나 생물학적 본성으로 환원시키기 어려운 거대한 영적 어둠의 실재였다.

프로이트와 달리 융은 이 초개인적 어둠의 실체를 '영'[36]이라 부르기를 주저하지 않았다. 그래서 융은 이 어둠의 영이 분석을 통해 의식화될 때 그 파괴력이 완화되고 오히려 건설적 힘 같은 것으로 작용할 수 있으리라는, 적이 '낙관적인' 믿음을 갖고 있었다. 한편 멜라니 클라인에게도 이와

---

36 King and Steiner eds., *The Freud-Klein Controversies 1941-45*, 18.

비슷한 낙관이 없지 않았는데, 그것은 곧 아이들의 엄청난 불안과 두려움이 그녀의 분석치료를 통해 해소될 수 있다는 믿음이었다. 물론 클라인의 분석은 융과 달리 그 불안의 근원을 프로이트가 말한 죽음 본능 이외의 곳에서 찾지 않았다. 즉 그 불안이나 두려움의 원인이 바깥세상보다 그 아이들 내면에 있다고 보았다.[37]

이런 의미에서 그녀의 분석은 여전히 '프로이트적'이며 동시에 지극히 '개인주의적'이었다고 말할 수 있다.

그렇지만 그녀는 여전히 이러한 분석이 그 어둠의 힘을 극복할 수 있다고 믿었고 이런 점에서 융과 다르지 않았다. 바로 이런 의미에서 그들은 프로이트와 마찬가지로 여전히 이성의 힘을 믿은 근대 이성주의자들이었다고도 볼 수 있다.

물론 융의 '분석'은 어떤 초개인적인 실재와의 만남을 지향한다는 점에서 단순히 이성주의적이라기보다 초이성주의적 접근이라고도 볼 수 있다. 이런 의미에서 융의 '분석'은 종교적 신앙과도 닮았다. 그러나 역시 우리가 융의 분석을 기독교적이라 보기 어려운 이유는 그가 진정한 기독교적 신앙과 그 외 다른 '영성'을 구분하지 않았기 때문이다. 이렇게 융의 분석은 종교적 접근과 비슷한 듯면서도 다양

---

[37] "클라인은 심리적인 위험이 내부로부터 온다고 본다." Michael St. Clair, 『대상관계 이론과 자기심리학』(*Object Relations and Self Psychology*), 안석모 역 (서울: Cengage Learning, 2010), 76.

한 '영들'의 제단에 분향하는 범신론(汎神論)적 사상에 오히려 더 가깝다.

한편 프로이트 최초의 이단아였던 아들러는 융과는 전혀 다른 곳에서 인간의 파괴성을 극복할 비전을 찾았다. 아들러가 그것을 찾은 것은 역설적이게도 전쟁의 한가운데서였다. 즉 그와 함께 참전한 오스트리아 군의관과 의무병 가운데서였다. 아들러는 전쟁 속에서도 자신만을 생각하지 않고 전우들을 위해 최선을 다하는 동료들의 모습에서 인간의 잠재적 가능성을 발견했다.[38]

그리고 이런 경험에 기초하여 이후 인간의 열패감과 이기성을 극복하는 인류 진보의 길로서 '공동체감'(Gemeinschaftsgefühl, community feeling)이라는 대안을 제시했다. 공동체감이란 자신이 인류 공동체의 일원이라는 인식을 가지고 자신의 이익보다 인류 공동체를 위한 헌신과 책임을 다하는 마음이다. 아들러는 이런 공동체감을 사람들에게 가르치거나 유포시킬 수 있고 그것을 통해 인류가 개선될 수 있다고 믿었다. 이런 점에서 우리는 그 역시 근대주의적인 진보주의자였다고 볼 수 있다.

지금 우리가 볼 때 아들러가 생각한 인류 공동체의 비전은 예컨대 융이 생각한 '통합'(individuation)의 비전과는 매

---

[38] Selesnick, *Psychoanalytic Pioneers*, 84.

우 다른 것이다. 여기서 우리는 근대주의의 지배 담론이 무너진 이후 사람들이 생각하는 '진보'와 '비전'이 여러 방향으로 다변화하는 양상을 확인할 수 있다. 그런데 여기서 우리가 던져 보는 물음은 과연 아들러가 바라본 인류 공동체적 진보와 융이 품은 '통합'의 비전이 서로 전혀 만날 수 없는 두 가지인가 하는 물음이다.

저자는 이렇게 서로 다른 두 가지가 하나로 만날 수 있는 길이 바로 기독교 신앙에 있다고 생각한다. 그것은 곧 하나님과 함께하는 공동체적 삶, 하나님 안에서 함께 하나님의 형상을 이루어가는 공동체적 '관계성' 속에 있는 길이다. 이제 이후로 계속해서 이 책의 중심 주제로 논의하려는 것이 바로 그 같은 '관계성'이다. 이제 다음 장에서 우리는 그 같은 '관계성'이 어떤 것인지 생각하면서 그러한 '관계'의 추구가 성욕보다 더 근본적인 인간의 지향성이라고 본 이른바 '대상관계 이론'의 주장에 먼저 귀 기울여 보려 한다.

제4장

성(性)과 사랑

1. '두부'가 마운팅을 하는 이유

EBS의 인기 프로그램 <세상에 나쁜 개는 없다>의 2017년 3월 10일 자 방영분 제목은 "19금견 두부의 은밀한 사정"이었다. 이 방영분의 주인공 '두부'가 '19금견'이라는 이름이 붙여진 이유는 보호자 앞에서 계속 '마운팅'을 하는 그의 고약한 습관 때문이었다. 여기서 '마운팅'이란 쿠션 등에 올라타고 생식기를 마찰시키는 일종의 자위 행위를 뜻한다.

이 방영분에서 밝혀진 흥미로운 사실은 보호자가 눈앞에서 사라지면 두부의 이러한 자위 행위도 따라서 멈춘다는 사실이었다. 이 사실에 궁금증을 품게 되는 시청자에게 차차 알려지는 그 '두부의 은밀한 사정'은 이 개가 원래 자녀들을 상습폭행하는 편부 가정의 일원이었다는 사실이다. 그러나 결국 그 아버지는 폭행으로 구속되고 자녀들은 보호시설로 가게 됨으로 두부는 홀로 남겨진다. 이후에 두부는 다른 가정에 입양되지만 반복되는 그 '마운팅' 행위 때문에 네 번이나 파양되고 만다.

이 방송을 진행하는 반려견 전문가의 진단은 두부의 '마운팅'이 다름 아닌 강박적 불안 때문이라는 것이다. 원주인에게 이유없이 무차별 폭행을 당하곤 했던 두부는 다른 보호자들 앞에서도 엄청난 박해 불안에 짓눌리고 그 보호자에게 사랑받고 싶은 본능과 그 같은 박해 불안 사이에 일어나는 치열한 내적 갈등이 그렇게 자위 행위로 표현된 것이라는 의미이다. 결국 우리는 여기서 '19금견' 두부의 자위 행위가 그 별명이 암시하는 바와 다르게 단순히 성욕에 기인한 행동이 아니라는 것을 알 수 있다. 그것의 원인은 박해 불안이며 더 근원적으로는 사랑받고 싶은 욕구의 좌절이라고 말할 수 있다.

반려견 두부의 사례는 물론 사람이 아닌 동물의 사례이다. 그러나 이 사례는 성과 애착에 관해 의미 있는 시사점을 우리에게 던져준다. 페어베언은 동물들의 본능적 행위가 사람의 행위보다 오히려 더 단순 명확하게 그 '본능'의 특징을 나타낸다고 이야기한다. 예컨대 불을 향해 달려드는 불나방의 행동이 바로 그와 같은 예인데, 페어베언은 이러한 불나방의 행위가 근본적으로 '대상 추구적'(object-seeking)이라고 지적한다. 이 불나방의 경우 그 추구 대상은 사실 겉으로 보이듯 '불'이 아니라 '빛'이다.[1] 여기서 페어베언이 말하고자 하는 바는 인간에게도 마찬가지로 일견 성 충동에 의한 것 같아 보이는 행동이 실상 다른 내적 동기에 의해 이루어진 행동일 수 있다는 점이다. 예컨대 배변이나 배뇨 행위는 정신분석학적으로는 이른바 '항문성욕'의 분출이라 여겨진다. 그러나 페어베언에 의하면 실상 그것은 구토(嘔吐)와 마찬가지로 대상을 향한 욕망이라기보다는 오히려 대상에 대한 거부감을 표현하는 행동이다.[2]

우리는 두부의 자위 행위 역시 비슷한 종류의 행동이라 볼 수 있다. 즉 두부의 자위 행위는 신속한 설정(泄精)을 통해 그의 안에 있는 불안을 자기 안에서 내보내려 하는 행동인 것이다. 다시 말해 그 행동은 그의 안의 나쁜 대상을 자기로부터 배출시킴으로써 그의 좋은 대상관계, 즉 보호자에 대한 신뢰를 방어하려는 행동이다. 결국 그의 안에 있는 궁극적 욕구는 '좋은 보호자'를 향한 갈망이라고 할 수 있다.

---

1   Fairbairn, 『성격에 관한 정신분석학적 연구』, 186.
2   Fairbairn, 『성격에 관한 정신분석학적 연구』, 183.

2. 페어베언의 대상관계 이론

마이클 세인트 클레어(Michael St. Clair)는 페어베언(Ronald Fairbairn)을 가장 '순수한' 대상관계 이론가라고 평한다.[3] 여기서 '순수하다'는 말은 그가 가장 분명하게 프로이트 이론과 차별성을 보이는 심리학자라는 의미이다. 사실 아동의 심리 문제를 먼저 내적 대상관계로 설명한 것은 페어베언이 아니라 멜라니 클라인이었다. 이런 의미에서 대상관계 심리학의 원조는 페어베언이 아니라 클라인이라고 할 수 있다.

로널드 페어베언(1889-1964)

그러나 클라인은 생물학적 성 본능이 모든 심리 현상의 원인이라고 하는 프로이트적 전제를 끝까지 버리지 않았다. 이에 비해 페어베언은 그러한 전제를 과감히 벗어 버렸다는 의미에서 가히 보다 '순수한' 대상관계 이론가라 할 수 있다. 페어베언은 오히려 과감히 프로이트의 대척점에 섬으로 자신의 입장을 정립했다.

---

3 St. Clair, 『대상관계 이론과 자기심리학』, 87.

프로이트의 대척점에 선다는 것은 구체적으로 인간의 근본 욕구가 생물학적 성욕이 아니라 소위 '대상관계'(object relations)의 추구라고 주장한 것이다. 페어베언이 이 점을 설명하기 위해 예로 드는 것이 이미 첫 장에 언급한 대로 손가락을 빠는 유아의 행동이다. 페어베언은 유아가 왜 손가락을 빠는지 물음을 던진다. 고전프로이트 이론에 따르면 유아의 성감대는 주로 구강에 몰려 있기 때문에 유아가 손가락을 빠는 행위는 그런 구강적 성욕을 충족받기 위한 행동이라고 설명할 수 있다.

그런데 페어베언은 이러한 관점이 중요한 사실 하나를 간과하고 있다고 지적한다. 그것은 곧 유아가 손가락을 빠는 이유가 무엇보다 '엄마의 젖가슴이 없기 때문'이라는 것이다.[4] 아이는 그 '엄마의 젖가슴'이 없음으로 엄마의 젖가슴 대신 자신의 손가락을 빠는 것이다. 페어베언에 의하면 이러한 유아의 행위는 우선적으로 엄마의 젖가슴이란 대상에의 갈망을 드러내는 것이지 단순히 성적 쾌락을 추구하는 행동이 아니다. 아이가 손가락을 빠는 행동이나 성인의 자위 행위는 오히려 그들이 갈망하던 대상과의 관계를 희구하는 행동이다. 즉 그것이 다른 종류의 위안을 통해 그 원래 대상의 빈자리를 채우려는 일종의 보상적 행동이라는

---

4 Clair, 『대상관계 이론과 자기심리학』, 47.

것이다. 다시 말해 그것은 그 중요한 대상 상실의 고통을 무마하려는 노력인 것이다.

그런데 사실 이러한 페어베언의 주장에는 아주 명확하지 않은 측면이 있다. 특별히 그런 점을 우리는 페어베언이 성적 쾌락보다 우선한다고 이야기한 '대상 추구'란 용어에서 발견할 수 있다.

위에서 이야기한 손가락을 빠는 유아의 경우 과연 그 유아가 추구하는 '대상'이란 무엇인가?

그것은 다름 아닌 엄마의 젖가슴이다.

그런데 이렇게 유아가 찾는 엄마의 젖가슴은 어떤 의미에서 단순한 성적 쾌락의 대상과 다른가?

물론 페어베언은 유아가 엄마의 젖가슴에서 '성적 쾌락'을 얻지 않는다고 말하지 않았다. 다만 그는 거기서 유아가 그러한 '성적 쾌락'을 얻더라도 그것이 그 대상과의 관계에서 유아에게 부차적이라 주장한다.[5]

그렇다면 그 유아와 엄마의 젖가슴 관계에서 '성적 쾌락'을 뺀 나머지, 또는 그 '성적 쾌락'보다 우선한다고 한 그 부분은 과연 무엇인가?

존 O. 위즈덤(John O. Wisdom)에 의하면 성적 쾌락보다 그 대상의 추구가 우선한다는 것은 "그 대상의 추구가 그러한

---

[5] Clair, 『대상관계 이론과 자기심리학』, 80.

쾌락의 상실이나 심지어 불쾌감을 초래할 때조차도 지속된다는 의미"이다.[6] 이러한 대상 추구를 우리는 단순히 애착 이론에서처럼 포유류 특유의 모체에 대한 애착 본능 같은 것으로 이해할 수도 있을 것이다. 그러나 유아가 그 자아를 분열시키면서까지 지키려 하는 것이 '이상적 대상'(ideal object)이라는 것은 페어베언이 그 '대상 추구'라는 말로 의미한 것이 단순히 그러한 동물적 본능을 넘어서는 것임을 시사한다. 즉 그것이 인간 본연의 지향성인 관계적 사랑의 추구를 의미하는 것임을 시사한다. 같은 맥락에서 페어베언이 말한 '대상' 역시 단지 엄마의 따뜻한 젖가슴이 아니라 유아의 사랑의 대상인 엄마 자신을 지칭하는 말이라 볼 수 있다.

페어베언이 프로이트 이론을 과감히 반박한 것은 사실이지만, 그가 대상(object)이라는 다분히 모호하고 다의적 표현을 계속 사용한 것은 역시 그조차도 프로이트 정신분석학의 범주에서 쉽게 벗어날 수 없었음을 시사한다. 그는 종종 '사랑'(love)이나 '애정'(affection) 같은 용어도 사용하는데, 이때 역시 프로이트처럼 그것을 성적 만족의 추구와 거의 동의어로 사용하기도 하고 혹은 그 이상을 의미하기도

---

[6] John O. Wisdom, "Fairbairn's contribution on object-relationship, splitting, and ego structure", *The British Journal of Medical Psychology*, Vol. 36 (June, 1963), 145.

한다. 이런 의미에서 페어베언의 심리학은 클레어의 평가처럼 완전히 순수하다고만 볼 수 없을지 모른다.

그러나 '대상 추구'가 '성적 만족의 추구'보다 우선한다는 페어베언의 이론은 확실히 그 이후의 심리학이 이전과 전혀 다른 관점에 들어서게 하는 결정적인 계기 역할을 했다. 여기서 다른 관점이란 인간을 단순히 성적인 쾌락을 추구하는 존재가 아니라 서로 사랑하고 사랑받는 관계를 갈망하는 존재로 보는 관점이다. 페어베언은 바로 이 같은 관점에서 사람들이 순전히 성적 쾌락만을 좇는 행동을 단지 '퇴행'(regression)이 아니라 '가치 하락'(deterioration)이라 지칭했다.[7]

이 말의 의미는 곧 그런 행동이 인간 본연의 본능적 성향으로 되돌아가는 것이 아니라 오히려 인간 본연의 가치를 잃어버린 행동이라는 것이다. 여기서 인간 본연의 가치란 단순히 자신의 이기적 욕구만을 추구하기보다 서로 사랑하고 사랑받기를 원하는 인격적 관계의 추구를 의미한다. 페어베언은 바로 이와 같은 관계를 형성하고 유지하는 것이 인간 본연의 모습이라고 본 것이다. 때문에 그는 그의 환자들의 행동을 프로이트와 매우 다른 시각에서 보고 해석했

---

[7] Otto F. Kernberg, 『대상관계 이론과 임상적 정신분석』(*Object Relations Theory and Clinical Psychoanalysis*), 이재훈·양은주 공역, (서울: 한국심리치료연구소, 2003), 134.

다. 그런데 우리는 페어베언이 가지고 있던 이와 같은 관점이 사실상 그의 기독교 신앙과 밀접한 연관성이 있었던 것을 확인할 수 있다.

3. 기독교 신앙과 대상관계 이론

마리 호프만(Marie T. Hoffman)과 로웰 호프만(Lowell W. Hoffman)은 대륙의 계몽주의와 달리 영국과 스코틀랜드의 계몽주의가 기독교 신앙으로부터 멀어지기보다 오히려 종교개혁적 기반 위에서 발전했다는 사실에 주목한다.[8] 이들에 따르면 바로 페어베언의 심리학이 그런 흐름을 보여 주는 대표적인 예 중 하나이다. 즉 유럽의 프로이트 이론과 달리 페어베언의 대상관계 이론은 그 기본전제에 있어 기독교 신앙과 배치되지 않을 뿐 아니라 도리어 기독교 신앙과 깊은 상호영향관계를 보여 준다.

페어베언의 심리학이 기독교에 받은 영향은 우선 그가 스코틀랜드 자유장로교회를 개척한 독실한 기독교 가정 출

---

8 Marie T. Hoffman and Lowell W. Hoffman, "Religion in the life and work of W. R. D. Fairbairn", in Graham S. Clarke and David E. Scharff eds., *Fairbairn and the Object Relations Tradition* (New York: Routledge, 2014), 69-70.

신이라는 점에서 추정할 수 있다. 이 점은 다시 그가 성장기에 줄곧 그 교단의 엄격한 청교도 신앙 교육을 받았고, 대학 시절에도 그 연장 선상에서 신학을 공부했다는 사실로 뒷받침된다. 제1차 세계대전 참전 이후 페어베언은 진로를 바꾸어 의학과 심리 치료를 공부하기 시작한다. 그러나 호프만부부는 이것이 그가 기독교 신앙으로부터 멀어진 것이 아니라 오히려 그의 기독교적 신념을 다른 방식으로 적용하기 시작한 것이라 이야기한다.[9]

기독교 신앙이 페어베언의 심리학에 끼친 영향을 우리는 그가 읽거나 직접 교유했던 당시 영국 기독교 사상가들의 사상과 그의 이론 사이의 연관성에서도 확인할 수 있다. 페어베언의 딸 엘리노어(Ellinor)의 증언에 의하면 당시 그와 친분이 있었던 영국 기독교 사상가 중 한 명이 바로 존 맥머레이(John Macmurray)였다. 맥머레이는 페어베언의 에든버러대학 스승이었던 앤드루 S. 프링글-패티슨(Andrew S. Pringle-Pattison)과도 교분이 있었는데, 그들은 함께 옥스퍼드에서 신앙과 학문의 관계를 연구하는 학술모임을 이끌었다. 우리는 페어베언이 이러한 맥머레이의 사상에 강하게 영향받았다는 증거를 그의 이론 곳곳에서 확인할 수 있다. 그

---

9 T. Hoffman and W. Hoffman, *Fairbairn and the Object Relations Tradition*, 70.

중 하나가 바로 인간이 근본적으로 '관계적 존재'라고 보는 인간관에서다. 맥머레이는 『관계적 인간』(*Persons in relation*, 1961)이라는 책에서 다음과 같이 이야기한다.

> 유아가 세상에 태어나서 엄마와 상호소통을 갈구하는 것은 세상에 적응하기 위한 유일한 길이다. 이를 통해 유아와 엄마의 관계는 인격적인 상호관계, '나와 너'의 관계로서 인간 실존의 가장 기본적 형식을 이룬다. 바로 이 때문에 유아는 단순한 동물이 아니라 인간인 것이다 (중략) 인간의 행동은 본질적으로 다른 인격체와의 관계 속에서 이루어진다. 그러므로 결론적으로 인간 실존의 기본단위는 개인이 아니라 서로 인격적 관계를 맺고 있는 두 사람이다. 우리는 혼자가 아니라 서로의 관계 속에서 인간다워지는 것이다. 인격이란 인격적 관계를 통해 형성되는 것이다. 인격의 기본단위는 '나'가 아니라 '나와 너'이다.[10]

이러한 맥머레이의 사상이 페어베언에게 끼친 영향을 우리는 페어베언이 원래 그의 대상관계 이론을 '인격적 관계 이론'(personal relations theory)이라 부르고 싶어 했다는 사실

---

10 John Macmurray, *Persons in Relation* (Atlantic Highlands: Humanities Press, 1991), 50-51.

에서도 확인할 수 있다.[11] 맥머레이는 유아가 단지 쾌락을 추구하는 동물이라는 생각이 사실 실증적인 것이 아니라 진화론이나 그것의 바탕을 이루는 희랍 철학에 유래한 편견이라고 비판한다.[12] 우리는 바로 이와 동일한 비판적 관점을 프로이트에 대한 페어베언의 비판에서도 발견할 수 있다. 맥머레이와 마찬가지로 페어베언은 유아가 단순히 성적 쾌락을 추구하는 동물적 존재가 아니라 다른 중요한 타인들과의 인격적 관계를 추구하는 인격적, 관계 지향적 존재라고 보았다.

인간이 본질적으로 관계 지향적이라는 생각은 페어베언이 맥머레이뿐 아니라 그의 동시대 스코틀랜드출신 심리 치료자인 이안 수티(Ian Suttie)와 공유했던 생각이기도 했다. 페어베언의 서재에는 여백마다 빼곡히 노트가 적혀 있는 이안 수티의 책이 꽂혀 있었다.

존 맥머레이(1891-1976)

『사랑과 증오의 기원』(*The Origins of Love and Hate*, 1935)이라는 제목의 이 책에는 페어베언에게서 찾아볼 수 있는 생각과

---

11 T. Hoffman and W. Hoffman, *Fairbairn and the Object Relations Tradition*, 73.

12 Macmurray, *Persons in Relation*, 45.

역시 비슷한 생각이 나타나고 있다. 그것은 곧 인간의 가장 근본적인 욕구가 프로이트의 주장처럼 생물학적인 본능이 아니라 누군가와 '교감'(communion)하고자 하는 관계적 욕구라는 것이다.[13] 이러한 수티의 생각에는 인간이 근본적으로 타인과의 관계를 갈망하는 존재이며 궁극적으로 하나님과의 관계를 필요로 하는 존재라는 신앙적 전제가 분명하게 깔려 있다.

수티, 페어베언, 해리 건트립(Harry Guntrip) 같은 당시 영국의 기독인 심리 치료자들, 또 존 맥머레이 등 기독교 사상가들이 공유하고 있었던 또 한 가지 믿음은 곧 사람들 사이의 인격적 관계가 하나님과 그들 사이의 관계와 서로 깊은 연관성을 갖고 있다는 믿음이었다. 예컨대 맥머레이는 우리가 "하나님이 어떤 분이심을 알 수 있는 것은 하나님의 형상인 다른 사람들과의 관계를 통해서"라고 말한다.[14] 우리는 이와 거의 비슷한 생각을 다음과 같은 페어베언의 심리분석에서도 엿볼 수 있다.

---

[13] T. Hoffman and W. Hoffman, *Fairbairn and the Object Relations Tradition*, 72에서 재인용.
[14] John E. Costello, *John Macmurray; A Biography* (Edinburgh: Floris Books, 2002), 146.

> 크리스토프가 만일 하나님의 사랑을 믿음으로 말미암아 호전될 수 있었던 것이라면 이것이 의미하는 바는 분석가의 사랑—에로스가 아니라 아가페적 사랑—을 믿는 것이 … 치료 증진에 있어 결코 적지 않은 역할을 한다는 점이다.[15]

이 페어베언의 말에서 우리는 '분석가의 사랑'이 환자의 치유에 중요한 역할을 한다는 생각뿐 아니라 그런 인간관계의 사랑이 '하나님 사랑'과 이어져 있다는 생각을 엿볼 수 있다. 그러나 이렇게 '하나님 사랑', '아가페 사랑' 같이 분명한 페어베언의 신앙적 표현은 이후 이 논문이 다시 책에 수록되면서 지워지고 만다.[16] 그럼에도 우리는 이후의 그의 저술들에서도 여전히 계속해서—예컨대 다음에서와 같이—그의 기독교적 신념이 뚜렷하게 드러나고 있는 것을 확인할 수 있다.

---

15 Fairbairn, "The Repression and the Return of Bad Objects", *British Journal of Medical Psychology*, Vol.19 (June, 1943); Hoffman and Lowell W. Hoffman, "Religion in the life and work of W. R. D. Fairbairn", 77에서 재인용.
16 그래서 현재는 그의 책 『성격에 관한 정신분석학적 연구』에서 위 구절을 찾아볼 수 없다.

내 생각에 보통 환자가 심리 치료를 받을 때 필요로 하는 것은 의료적인 치료라기보다 기독교적인 구원과 유사한 것이다. 기독교적 관점에서 인간에게 필요한 것은 <u>죄로부터의 구원, 하나님과 멀어진 관계로부터의 회복, 두려움을 내어 쫓는 완전한 사랑(Perfect Love)이다</u>. 이와 마찬가지로 심리 치료에서 환자가 필요로 하는 것 역시 어린 시절 경험으로부터 유래하는 불안과 죄의식, 그 자신의 공격성과 자신의 내면을 힘들게 하는 나쁜 부모상으로부터 구원을 얻는 것이다. 따라서 그가 필요로 하는 것은 죄를 용서받고 마귀로부터 자유를 얻는 것과 매우 유사한 상태인 것이다. (저자 강조)[17]

페어베언은 여기서 자신의 심리 치료를 어둠에 매인 영혼을 자유케 하는 목회 사역에 비교하고 있다. 그는 그의 환자들의 문제가 요컨대 그들이 내면화한 '나쁜 대상들'에게 붙들린 상태라 보았다. 심리 치료자의 역할은 이런 환자들이 그들의 그러한 내적 예속 상태에서 벗어날 수 있도록 돕는 것이다.

---

[17] Fairbairn, "Psychotherapy and the Clergy", in David E. Scharff & Ellinor Fairbairn Birtles, *From Instinct to Self: Applications and early contributions* (New York: J. Aronson, 1994), 364. T. Hoffman and W. Hoffman, *Fairbairn and the Object Relations Tradition*, 76에서 재인용.

일견 이 글은 이렇게 심리 치료자의 역할을 기독교의 구원과 단순 비교하는 듯 보이지만, 실상 여기서 그가 암시하는 바는 그의 환자들이 필요로 하는 것이 단지 '의료적인 치료'만 아니라 하나님과의 관계 회복이며 그 하나님의 '두려움을 내어쫓는 완전한 사랑(Perfect Love)'이라는 것이다. 그러면서 그의 글은 목회자만 아니라 심리 치료자가 바로 그 같은 '사랑'의 전달자가 되어야 한다는 생각을 드러내고 있다.

단지 성적 만족에만 집착하는 환자들의 상태를 페어베언이 '가치 하락'이라 지칭한 데서도 역시 우리는 그의 기독교적인 세계관을 엿볼 수 있다. 가치 하락이란 용어는 그가 그 같은 상태를 기독교적인 '타락'과 연결시킨 것이라 볼 수 있기 때문이다. 그는 인간이 원래 하나님 및 타인과의 인격적 관계를 필요로 하는 존재라 생각했다. 이 때문에 그는 그런 전제 위에서 인격적 관계가 아니라 단지 성적 쾌락에만 집착하는 행위가 그 사람들의 불건강한 내적 상태를 보여 주는 것이라 보았다.

예컨대 강박적 자위 행위에서 볼 수 있는 것처럼 많은 경우 그 같은 행동은 그들의 성적 욕구 이전에 그들 내면의 '나쁜' 대상관계로 말미암은 것으로 그들은 그러한 강박적 행위를 통해 그 '나쁜 대상'을 자신에게서 내보내려 하는 것이다. 그러나 그런 행위는 오히려 그들이 그 대상에게 얽매여 있는 상태를 드러낸다. 여기서 치료자의 역할은 '좋은' 현실적 관계 형성을 통해 그 환자들이 그러한 내적 예속 상태에서 벗어날 수 있도록 돕는 것이다. 페어베언이 이러한 심리 치료가 "마귀로부터 자유를 얻는 것과 비슷하다"[18]라고 한 것은 바로 그의 기독교적 세계관에 기반한 생각이었다.

요컨대 페어베언은 그가 가진 기독교 세계관을 통해 프로이트가 주장해온 바를 뒤집어 볼 수 있었다. 성욕이 사랑보다 우선하는 것이 아니라 사랑이 성보다 우선하는 것이라 보았던 것이다. 이후의 대상관계 심리학자들이 모두 그와 같은 기독교인이 아니었기 때문에 그의 이러한 관점이 모두 그들에게 그대로 계승되었다고 할 수는 없다. 그렇지만 페어베언의 이러한 새로운 관점은 이후 정신역동 이론이 이전과 전혀 다른 차원에 들어서게 하는 코페르니쿠스적 전환점 역할을 했다는 것만은 분명한 사실이다.

---

[18] T. Hoffman and W. Hoffman, *Fairbairn and the Object Relations Tradition*, 108의 인용문.

4. 심신일체의 사랑

도널드 위니컷(1896-1971)

그런데 인격적 관계의 추구가 성적 만족의 추구보다 우선한다는 페어베언의 생각은 어쩌면 여전히 그가 비판한 희랍적 사고를 일면 추수(追隨)하는 것인지 모른다. 왜냐하면, 특히 유아의 경우 엄마와의 관계는 심신일체(心身一體)의 관계이며 이 관계 속에서 양자 간의 인격적 교류는 서로의 신체적 만족감과 분리될 수 없는 일체의 경험이기 때문이다.

유아와 엄마의 관계가 심신일체적 동반관계(psychosomatic partnership)라는 사실은 페어베언과 같은 영국의 심리학자인 도널드 위니컷(Donald Winnicott)이 특별히 강조했던 바이다. 정신분석가가 되기 전부터 소아과 의사였던 위니컷은 유아와 엄마 사이의 심리적 교감이 거의 대부분 신체를 통해 이루어진다는 사실에 주목했다. 같은 맥락에서 그는 유아의 심리적 문제가 그들의 신체적 증상과 밀접한 연관성이 있음을 임상적으로 확인할 수 있었다.

위니컷은 특별히 아이들의 자의식이 그들의 정서 및 신체적 반응과 괴리되는 현상인 심신부조화 현상에 관심을 가졌다. 그는 이것이 아이들의 중요 대상인 엄마가 아이들의 정서, 신체적 요구에 적절한 반응을 하지 못함으로 말미암은 현상이라 보았다. 즉 아이들은 그 부모와의 관계 속에서 자기를 인식하게 되는데, 그러한 아이들의 자기의식이 그 부모의 부적절한 반응으로 인해 그들의 정서적, 신체적 감각과 통일성을 이루는 데 실패하게 되는 것이다. 위니컷은 이렇게 자신의 정서적, 신체적 요구를 담아내지 못하는 아이들의 '자기'를 '거짓 자기'(the false self)라 불렀다.[19]

위니컷에 의하면 이런 거짓 자기와 서로 긴밀히 연결된 증상이 바로 그 환자들의 신체가 그들의 의식과 불일치를 나타내는 이른바 '신체화'(somatization) 현상이다.[20] 비록 위니컷은 이 같은 현상을 환자들의 성 문제와 많이 연결시켜 논의하지는 않았지만 우리는 이런 현상이 각종 성 문제로 나타날 수 있는 가능성을 충분히 상정해 볼 수 있다.[21]

---

19 Donald Winnicott, 『소아의학을 거쳐 정신분석학으로』(*Through Pediatrics to Psycho-Analysis*), 이재훈 역 (서울: 한국심리치료연구소, 2011), 538.
20 예컨대 엄마를 보고 웃는 아이의 몸이 매우 경직되는 것 같은 현상이다. Winnicott, 『소아의학을 거쳐 정신분석학으로』, 473-93 참조.
21 그러나 위니컷 역시 다음과 같은 데서 성적인 욕구가 다른 정신 기능과 잘 조화되지 못할 때 일어나는 '성적 유혹'에 대해 시사하는 것을 볼 수 있다. "본능 만족은 부분 기능으로 시작하며, 그것은 개인 안에

여기서 다시 기억할 것은 페어베언이 이야기한 '흥분시키는 대상'(exciting objects) 및 '거절하는 대상'(rejecting objects)이라는 내적 대상들이다. 페어베언에 의하면 흥분시키는 대상과 거절하는 대상은 한 엄마가 가진 양가적 태도로 말미암아 유아내면에 형성되는 두 가지 내적 대상들(inner objects)이다.[22] 먼저 흥분시키는 대상은 유아의 욕구를 자극할 뿐 실제로 만족시켜 주지 않는 엄마의 이중적 태도를 내면화한 것이라면, 거절하는 대상은 유아가 원하는 바를 끝내 거부하는 매정한 엄마의 내면화이다. 기억해야 할 것은 이 두 가지 내적 대상이 페어베언에 의하면 유아가 도저히 감당할 수 없어 그 내면에 억압한 소위 나쁜 대상들[23]이라는 사실이다.

유아가 이렇게 '나쁜 대상들'을 내면으로 억압하는 이유는 바로 그가 원하는 '이상적 엄마상'을 지키기 위해서이다. 여기서 우리는 페어베언이 말하는 이러한 '내적 억압'이 위니컷이 말하는 '거짓 자기'나 '심신분리'(psychosomatic splitting) 현상과 무관하지 않다는 점을 알 수 있다. 즉 스스로에게조차 감춘 자아의 욕구가 의식과 분리된 채 신체화

전체 경험과 중간 현상 영역의 경험을 위한 잘 형성된 능력에 기초해 있지 않는 한 성적 유혹이 된다." Winnicott, 『놀이와 현실』(*Playing and Reality*), 이재훈 역 (서울: 한국심리치료연구소, 1997), 159.
22 Fairbairn, 『성격에 관한 정신분석학적 연구』, 139.
23 Fairbairn, 『성격에 관한 정신분석학적 연구』, 125.

되어 나타날 수 있다는 것이다. 여기서 우리에게 떠오르는 것은 바로 페어베언이 '흥분시키는 대상'과 짝을 이룬다고 말한 '리비도적 자아'(the libidinal ego)이다. 그가 이 억압된 자아를 '리비도적'이라 지칭한 이유는 그것의 거절 받고 억압된 욕구가 강한 성적 충동으로 신체화되어 나타날 수 있기 때문일 것이다.

페어베언이 말한 그 두 가지 내적 대상관계를 보다 구체적으로 성의 문제와 연결시킨 것이 이른바 '부부 성 치료'(couple sex therapy)를 개발한 데이비드 샤르프와 질 샤르프(David and Jill Scharff) 부부이다. 샤르프 부부는 그처럼 내적으로 억압된 두 가지 대상관계가 실제 어떻게 성관계를 통해 구체적으로 표현될 수 있는지 우리에게 보여 준다.

그들에 의하면 성인의 성관계는 그들이 자신의 어린 시절 그들 내면에 억압한 심리적 미해결과제가 무의식적으로 파트너의 몸에 투영되어 '재연'(再演, reenact)되는 과정이다. 이때 그들의 성기와 성감대는 억압된 내적 갈등을 표출하고 상대에게 소통하는 통로가 된다.[24]

흥미로운 것은 이때 표출되는 내적 역동이 단지 흥분시키는 대상과의 관계만 아니라 동시에 거절하는 대상과의

---

[24] David E. Scharff and Jill Savege Scharff, 『대상관계 부부치료』(*Object Relations Couple Therapy*), 이재훈 역 (서울: 한국심리치료연구소, 2003), 27-28.

관계이기도 하다는 것이다. 때문에 그러한 성적 행동은 원래 유아기 엄마와의 관계가 그러했던 것처럼 '양가적'(ambivalent) 특성을 지닐 수 있다. 즉 그것은 대상과의 강한 결합의 욕망을 드러내는 동시에 그 대상으로부터의 자기 회수(withdrawal)나 냉담, 공격성 등을 드러낼 수 있다. 다시 말해 그것은 성애와 반성애적(anti-libidinal) 충동 사이의 강박적 충돌을 드러낸다.

이와 달리 억압되지 않은 건강한 대상관계, 소위 '중심적 자아'(the central ego)와 '이상적 대상'(the ideal object)의 관계는 그처럼 병리적이지 않는다. 그 같은 건강한 관계를 표현하는 성행위는 같은 성행위이지만 정서적 불안이나 두려움, 수치, 분노 같은 부정적 감정을 드러내지 않는다. 그것은 오히려 사랑하고 사랑받는 인격적 상호관계의 만족감을 표현한다. 이러한 성행위는 심신동일체로서 유아가 엄마와 사이에 경험한 만족감을 성인이 된 이후 성관계 속에서 재연하는 것이라 볼 수 있다. 이때 경험되는 만족은 물론 대상관계 이론에 따르면 단순히 생물학적 욕구가 아니라 인간의 더 근원적인 대상관계욕구의 만족이다.

5. 유아 성욕의 근원

샤르프 부부의 성 심리학이 이야기해 주는 또 한 가지 흥미로운 사실은 유아기 내적 대상관계가 성인의 성행위를 통해 상대방에게 전이(transfer)될 뿐 아니라 그 상대방 역시 자기도 모르는 사이 역전이(countertransfer)를 통해 그 배우자의 과거 경험에 동참하게 된다는 점이다.[25] 예를 들어 아내는 남편과의 성관계 속에서 '진흙탕처럼 끈적거리는 느낌'을 받고 거기서 벗어나고 싶은 혐오감을 느낀다.[26] 이 느낌은 그 아내 자신의 부모와의 관계에서 가져온 '거절하는 대상'의 전이일 수도 있지만, 그 상대방 남편이 그 부모와의 관계에서 경험한 '거절하는 대상'을 역전이적으로 경험하는 것일 수도 있다.

이 경험 속에는 또한 '흥분시키는 대상'과의 양가적 갈등이 드러난다. 즉 남편은 아내의 몸에 그의 '흥분시키는 대상'을 투영하며 성행위를 시도하지만 동시에 그녀에게서 '거절하는 대상'을 경험한다. 다시 말해 그가 유아기 엄마와의 관계에서 경험한 욕망과 좌절을 무의식적으로 현재의 부부관계 속에서 되풀이하는 것이다.

25　E. Scharff and Savege Scharff, 『대상관계 부부치료』, 30-34.
26　E. Scharff and Savege Scharff, 『대상관계 부부치료』, 36.

그런데 이처럼 성인의 성관계 속에 유아기 경험이 전이/역전이된다는 샤르프 부부의 주장은 우리로 하여금 원래 유아기 부모와의 관계 자체가 일종의 전이/역전이 경험—또는 성적 투사와 내사(introjection)의 경험—이었을 가능성을 상정케 한다. 이 말의 의미는 곧 엄마에 대한 유

프로이트와 그의 어머니 (1872)

아의 '성욕'이 사실상 원래 유아 자신의 것이라기보다 엄마의 '성욕'이 유아에게 내사적으로 동일시된 것일 수 있다는 의미이다.

위니컷이 강조하듯 유아기 엄마와의 관계는 심신일체의 관계이며, 따라서 이 관계 속에서 엄마의 욕구는 유아 자신의 욕구와 서로 잘 구분되지 않고 혼동될 수 있다. 그렇다면 이때 엄마 자신에게서 해결되지 못한 성적 욕구가 자기도 모르게 아이와의 관계 속으로 전이되고 그것이 아이 안에 내사되어 좌절/억압된 성욕의 형태로 남아 있을 가능성이 있는 것이다.

우리는 어쩌면 원래 프로이트 자신이 그 어머니와의 관계에서 경험한 '성욕'이 이처럼 일종의 '내사된' 욕구였을

가능성을 상정해 볼 수 있다. 프로이트의 어머니는 프로이트 출생 당시 아버지와 스무 살이나 차이 나는 스물한 살의 젊고 아름다운 여성이었다. 물론 이것은 전적으로 가설에 지나지 않지만 우리는 그 젊은 여성의 활력과 성적 환상이 어린 아들의 때이른 '성욕'을 부추겼으리라는 생각을 해 볼 수 있다.

예컨대 기적을 울리며 출발하는 기차 안에서 어린 프로이트가 경험했다고 하는 그 '흥분과 공포'[27]가 바로 그런 것이었을지 모른다. 어린 프로이트는 기적을 울리며 떠나는 기차 안에서 자신의 옷을 훌훌 벗어 던지는 엄마의 모습을 보며 뭐라 말할 수 없는 '흥분과 공포'를 느꼈다고 한다. 그 '흥분과 공포'는 말하자면 그 꽉 끼는 코르셋 안에 감춰졌다가 갑자기 밖으로 드러난 그 젊은 여인의 욕망에 순간 압도된 반응이었을지 모른다.

만일 이것이 사실이라면 프로이트가 그 자신의 것으로 생각한 그 '욕망'은 실상 그의 것이기 전에 그의 엄마의 것이었다는 의미가 된다. 혹은 그 엄마의 성욕을 충족시키는 대상이라고 그가 상상한 그 아버지의 성기에 대한 그의 유아적 상상력과 '선망'(羨望)이었으리라고도 해석해 볼 수 있다.[28]

---

27 이무석, 『정신분석에로의 초대』, 43.
28 이 점을 방증할 만한 것이 바로 프로이트가 7세 때 부모의 성교 장면을 목격한 일을 회고한 것이다. 프로이트는 이때 그만 오줌을 쌌는데,

유아의 성욕이 부모가 가진 성욕의 내사일 수 있음[29]은 프랑스 정신분석가 자크 라캉이 이미 우리에게 시사한 바이기도 하다. 라캉은 "주체(유아)의 욕망은 타자(엄마)의 욕망이라"[30]라는 말로 이 점을 시사한다. 이러한 라캉의 진술 속에는 인간의 욕망이 생물학적이고 생래적이라기보다 현실의 결핍을 통해 야기된, 현실 그 너머의 어떤 대상을 향한 갈망이라는 의미가 담겨 있다.

엄마는 그녀의 (성)생활에서 경험하는 결핍감을 유아와의 융합된 관계 속으로 투사할 수 있고, 유아는 그렇게 투사된 타자(엄마)의 결핍을 그 자신의 결핍으로 인식하게 된다. 그런데 그 엄마가 아이에게 투사한 결핍이란 남편과의 성관계에서 경험하는 불만족일 수도 있지만 동시에 가부장적 사회 속에서 여성으로서 경험하는 그녀의 심리적, 정서적 불만족일 수도 있다. 이와 같은 내적 불만과 결핍이 그녀의 성적 욕망으로 전이되어 나타날 때 그러한 엄마의 성욕 앞

이 경험이 그의 꿈에서도 여러 번 반복될 만큼 그에게 강한 인상을 남겼다. 이무석, 『정신분석에로의 초대』, 41.

[29] 이러한 주장은 일견 프로이트가 유아 성욕론 이전에 처음 제기했던 '유혹론'(seduction theory)과 유사해 보일지 모른다. 그러나 차이점은, 프로이트의 유혹론이 7세 이전 유아에게 실제로 행해진 부모의 성적 가해를 억압의 원인으로 보는 반면, 이 책의 주장은 부모의 감춰진 욕구가 아이에게 내사적으로 동일시되고 억압된다는 것이다.

[30] Bruce Fink, *The Lacanian Subject: Between Language and Jouissance* (Princeton, NJ: Princeton University Press, 1995), 54.

에 아이는 그 엄마의 결핍을 스스로 만족시키려 하지만 실제 그럴 수 없는 자신의 소위 '존재적 결여'(lack of being)를 대면한다.

우리가 이같이 원래 프로이트가 말한 '유아의 결여'를 '타자(부모 혹은 현실)의 결여'로, '유아의 욕망'을 '타자의 욕망'으로 뒤집어 보면 우리는 그 유아의 성욕이란 것이 원래 유아의 것으로 말하기도 어렵고 그렇다고 그렇지 않다고도 말하기 어렵다는 점을 알게 된다. 또한, 그것이 단순히 신체적인 욕망이라고도, 신체적인 욕망이 아니라고도 말하기 어렵다는 사실을 알게 된다.

6. 아빠와 결혼하고 싶은 아이

아이들의 부모 성애는 투사와 내사로도 설명될 수 있지만, 동일시와 모방으로도 설명될 수 있다. 우리는 예컨대 이런 동일시와 모방을 자신은 아빠와 결혼할 것으로 말하는 어린 소녀에게서 발견할 수 있다. 이 어린 소녀는 그렇게 이야기하면서 자신을 동화 속 왕자와 결혼하는 '공주'로 상상하곤 한다. 이때 그들은 단순히 자신의 외양만을 동화 속 공주와 동일시하는 것이 아니라 아빠에 대한 자신의 애

정을 그 동화 속 이성 간의 사랑과 동일시하는 것이다.[31]

그런데 이러한 동일시는 더 나아가 그 딸이 자신을 '아빠의 여자'로, 또는 아들이 자신을 '엄마의 남자'로 동일시하는 방식으로 이어진다. 만일 이때 그 아빠나 엄마가 자신 안에 해결되지 못한 욕구를, 억압된 '성욕'을 그 관계 속에 투사한다면 그 딸이나 아들은 그 욕구를 그 자신의 욕구로 동일시하면서 차차 그것에 대한 두려움과 수치심 같은 양가감정까지 그들 안에 억압해서 갖게 될 것이다.

이른바 '히스테리성 성격장애'(histrionic personality disorder)란 바로 이처럼 어린 시절 부모와의 관계에서 경험한 내적 갈등이―페어베언의 개념으로 할 때 억압된 내적 대상관계가―성인이 되어서도 해결되지 못하고 반복되어 나타나는 상태라고 설명할 수 있다. 어린 시절 부모와의 성애적 결합의 욕망, 또는 거기에 대한 반(反)성애적 거부감의 강박적 굴레가 성인이 된 그들에게조차 정상적 (이)성관계를 어렵

---

31 제임스 로더(James Loder)는 프로이트가 '남근기'(phalic stage)라고 지칭한 3-6세 시기는 "성욕보다는 에릭슨이 이 시기 발달 특성으로 규정한 주도성에 초점을 맞추는 것이 더 적절"하다고 주장한다. James Loder, 『신학적 관점에서 본 인간발달』(*The Logic of the Spirit*), 유명복 역 (서울: CLC, 2006), 198. 에릭슨이 말한 '주도성'(initiative)은 바로 그렇게 자신을 동화 속 공주나 아빠의 여자로 상상하는 것 같은 상상력과 자발적 창의성을 지칭한다. 이러한 상상력과 창의성의 중요성을 강조한 또 한 명의 심리학자가 도널드 위니컷이다. Winnicott, 『놀이와 현실』, 108-118 참조.

게 하는 요인이 될 수 있다는 것이다.

이런 문제는 성 혐오나 중성화(中性化), 성불감증 같은 증상으로, 또는 반대로 문란한 성생활, 약물중독, 자해, 폭식 등의 증상으로 나타나기도 한다. 결국 페어베언적 관점에서 과도한 부모 성애는 자연스러운 것이 아니라 일종의 왜곡 현상으로, 치유되어야 할 병리적 증상으로 발전할 수 있다고 말할 수 있다.

물론 유아와 부모의 관계는 심신일체적 관계로서 어느 정도의 부모 성애는 자연스러운 현상이라 볼 수 있다. 부모-유아 사이의 애정은 그들의 자연스런 신체적 관계를 통해 교류되기 때문이다. 문제는 이러한 자연스러운 부모 성애에 부모 자신이 어떻게 반응하느냐는 점일 것이다. 페어베언 이후 대상관계 심리학에 따르면 중요한 것은 그 부모가 그 어린아이의 사랑이 비록 성적으로 표현된다 할지라도 그것을 어린아이다운 것으로 받아 주고 되돌려주는 '적절한' 반응이다. 이런 부모의 적절한 반영(mirroring)을 통해 아이는 점차 보다 현실적인 자기의 모습을 찾아갈 수 있게 된다.

반대로 문제가 될 수 있는 것은 그 부모가 그 자신의 내적 결핍으로 인해 그 유아적 성애에 대해 실제로 성적으로 반응하거나 혹은 반대로 그 유아에게 성적인 혐오감으로 반응하는 경우이다. 원래 페어베언의 표현을 빌자면 이것은 곧 유아를 과하게 '흥분'시키거나 '거절'하는 양가적 반응이다. 이런 반응은 유아에게 고통과 혼란을 일으키고 따라서 유아는 그것을 억압적으로 내면화하게 된다. 다시 말해 그들의 '성욕'은 아이다운 것으로 중화되지 못한 채 그대로 내면에 억압되게 된다. 이것이 사춘기 이후 밖으로 행동화되어 나타날 때 바로 위에서 말한 것 같은 병리적 성행동이나 성 혐오 반응으로 나타난다고 볼 수 있다.

여기서 우리가 참고할 만한 것이 바로 각종 성도착증이나 성 중독을 '성화'(sexualization)라는 용어로 설명한 하인즈 코헛의 해석이다. 성화란 코헛이 말하는 자기대상 욕구(selfobject needs)가 좌절될 때 그 좌절된 욕구가 여러 가지 성적 행동들로 변형되어 나타나는 것을 의미한다. 코헛이 말하는 자기대상 욕구 중 가장 우선적인 것은 바로 위니컷이 말한 것과 유사한 '자기 반영'(mirroring)의 욕구이다. 즉 자신을 있는 그대로 받아 주거나 자신의 존재가치를 알아주는 자기대상을 필요로 하는 것이다.

코헛에 의하면 이런 필요가 채워지지 않을 때 사람들은 성적인 과시(sexual exhibition)나 성 도착 행동, 성 중독 같은 각종 병리적 행동으로 그 욕구를 변형시켜 표출할 수 있다. 이러한 행동들은 그 같이 왜곡된 방식으로라도 자신의 자기애적 욕구를 채움 받으려는 시도라 볼 수 있다. 코헛은 그러나 실상 그런 행동들이 그들의 그런 자기애적 욕구를 충족시키는 것이 아니라 단지 그러한 자기의 결핍을 일시 외면하는 방어기제로 작용할 뿐이라 지적한다.[32] 즉 그런 행동들이 만들어 내는 일시적 충족감이나 득의감, 자신이 대단해진 것 같은 느낌, 자신이 살아 있고 행복한 것 같은 느낌 등은 이내 깨어질 수밖에 없는 환상이며 결과적으로 더 깊이 자기의 빈곤을 마주하게 할 수밖에 없는 거짓이라는 것이다.

우리는 성화라는 코헛의 개념이 위에서 이야기한 위니컷, 페어베언의 개념들과 약간의 차이는 있지만, 기본적으로 서로 일맥상통하는 개념이라는 점을 알 수 있다. '성화'는 억압된 자아의 변형적 행동화(acting out)라 할 수 있으며, 거짓 자기(the pseudo-self)가 소외시킨 자아의 신체화된 표현이다. 또한, 그것은 유아 시절 부모와 가졌던―또는 실제로는 갖지 못했던―신체적 친밀감으로 회귀하려는 일종의 퇴행(regression)적 시도라고 해석할 수도 있다.

위의 세 심리학자에 의할 때 이런 행동들에 담긴 무의식적 욕구는 무엇보다 있는 그대로의 자기를 받아 주고 그 가치를 반영해 주는 반영적 대상(mirroring object)에의 욕구이다. 많은 경우 성적 행동화는 대상에 대한 강한 공격성으로 나타나곤 하는데, 이것은 그런 행동들이 그 같은 욕구를 충

---

[32] 홍이화, 『하인즈 코헛의 자기심리학 이야기 Ⅰ』, 160.

족시켜 주지 않는 대상에 대해 보복의 성격을 띠기 때문이다. 다시 말해 거기에는 대상에 대한 갈망과 분노, 집착과 거부 같은 양가적 감정이 내포되어 있다.

7. 하나님 사랑의 유비(analogy)

페어베언 이후 정신역동 이론이 이전의 프로이트 이론과 다른 점은 성적 충동을 인간 심리 문제의 근본 원인으로 보기보다 좌절된 심리욕구의 파생물이라 보는 것이다. 여기서 좌절된 심리욕구란 곧 유아 자신을 인격적 존재로 반영해 주고 수용해 주는 대상, 그래서 그의 존재적 불안을 해소해 주는 이상적 대상 욕구의 좌절을 말한다.

그런데 현실적으로 어떤 부모도 그처럼 완전한 '이상적 대상'이 되기는 어렵다. 그러므로 유아에게 좌절은 불가피한 것이다. 페어베언, 위니컷, 코헛 같은 심리학자들의 공통적인 견해는 이처럼 좌절된 유아의 대상 욕구가 그의 안에서 신체화, 혹은 성화(sexualize)되어 나타날 수 있다는 것이다.

이와 좀 다르게 유아의 성욕이 원래 유아의 것이 아니라 그 부모가 가진 성욕의 전이라고 볼 수 있다. 즉 심신일체인 부모와 유아 관계에서 부모의 성적 욕구가 유아에게 투사될 때 그 욕구를 유아가 자신의 것으로 표현할 수 있다는 것이다.

그런데 이렇게 유아에게 내사된 부모의 성욕이 부모 자신의 내적 결핍과 관련된 것이라 한다면 성화는 그 유아 이전에 그 부모에게서 먼저 일어난 현상이라고 볼 수밖에 없다. 즉 그것은 부모 자신의 내적 결핍과 불만족이 성적 욕구로 전치된 현상이라는 것인데, 이때 그 부모의 내적 결핍과 불만은 직접적으로는 그 부부관계에 기인한 문제일 수 있지만, 더 근원적으로 그들 자신의 성장기나 현재 삶의 실존적 결핍과 관련된 것일 수 있다.

이처럼 성욕이 단지 생물학적 본능이 아니라 현실에서 충족되지 못한 결핍과 욕망의 전이라는 것은 앞에서 언급한 대로 바로 라캉의 심리학이 우리에게 강조하는 바이다. 라캉에 의하면 유아의 욕망은 엄마가 욕망하는 그것이 되려는 욕망, 다시 말해 엄마의 결핍을 채우려는 욕망이다.[33] 그러나 결

자크 라캉(1901-1981)

---

33 Bruce Fink, *The Lacanian Subject*, 54.

국 유아는 그것을 이룰 수 없는 자신의 결핍을 마주하게 될 뿐이다.

여기서 볼 수 있듯 라캉이 말하는 유아의 결핍은 그 자신에게서 발생한 것이 아니라 그의 바깥 현실로부터 비롯된 것, 궁극적으로 인간 실존 자체의 결여로부터 비롯된 것이다. 라캉이 말한 이 '존재의 결여'(*manque à être*)는 원래 장폴 사르트르(Jean-Paul Sartre)가 먼저 사용한 개념으로 바로 현대사회의 실존적 결핍을 지칭하는 말이었다.

그런데 이 개념을 우리가 샤르트르의 무신론적 관점이 아니라 쇠렌 키르케고르(Søren Kierkegaard) 같은 유신론적 철학자의 관점으로 다시 이해하자면 궁극적으로 그 '결핍'은 바로 하나님의 사랑을 통해서만 채워질 수 있는 인간의 본원적 결핍이라 볼 수 있다.[34] 이렇게 본다면 인간의 결핍과 욕망은 스스로 인식지 못한 채 하나님을 향하는 것으로 설명할 수 있다.

위에서 설명한 것 같은 코헛의 성화는 유신론적 관점에서 보자면 근본적으로 하나님을 통해 채워져야 할 내적 갈망이 하나님 아닌 다른 대상이나 신체일부에 투영된 상태

---

[34] Arne Grøn, René Rosfort and K. Brian Söderquist eds., *Kierkegaard's Existential Approach* (Boston, MA: CPI Books, 2017), 123. Charles K. Bellinger, *The Genealogy of Violence: Reflections on Creation, Freedom, and Evil* (New York: Oxford University Press, 2001), 73.

라 말할 수 있다. 특히 성화는 그런 갈망이 강박적으로 성적 자극이나 흥분을 추구하는 행동으로 전치된 상태를 가리킨다. 이런 상태를 페어베언이 '가치 하락'이라 부른 것은 앞에서 이미 언급한 바와 같이 그의 기독교적 세계관에 기초한 것이다.

그러나 한편으로 성적인 행동을 일괄적으로 '가치 하락'으로 보는 것은 기독교적이 아니라 오히려 신체를 영혼보다 낮게 여기는 희랍적 사고의 추수일 수도 있다. 사실 유대기독교적 관점에서 하나님 외 다른 대상을 사랑하는 사랑은 우상 숭배로 정죄되기도 하지만 다른 한편으로 아가서에서와 같이 하나님 사랑의 유비(analogy)로 여겨지기도 한다. 성경에서 자녀에 대한 부모의 사랑은 때로 우상 숭배로 징책받기도 하지만(삼상 2:29 참조), 우리를 향한 하나님 사랑을 유비하기도 한다(사 49:15 참조). 이와 마찬가지로 남녀 간의 성애 역시 하나님을 버리고 우상을 섬기는 행위를 비유하기도 하지만(겔 23:3 참조), 인간을 향한 하나님 사랑을 유비적으로 표현하기도 한다(아 5:2 참조).

원래 페어베언이 말한 '가치 하락'은 친밀한 사랑의 관계와 분리된 채 단순히 성적 만족만을 추구하는 강박적 행동을 가리키는 말이다. 다시 말해 친밀한 사랑의 관계를 동반하는 성애는 그가 말한 '가치 하락'이 아닌 것이다.

우리가 페어베언의 관점을 보다 정확히 이해한다면 정말 우리가 관심을 가져야 할 것은 그 신체화, 혹은 성화된 행동이 어떤 내적 대상관계를 반영하고 있느냐 하는 점일 것이다. 부정적 대상관계로부터 말미암는 강박적/폭력적 성행위와 달리 좋은 대상관계 속에서 이루어지는 성애는 건강한 내적 대상관계의 표현이며 기독교적 관점에서 하나님의 형상이라고까지 말할 수 있다. 카를 바르트(Karl Barth)는 하나님의 형상으로 지어진 남녀 간의 관계가 성삼위 간의 사랑 관계를 표상(represent)한다고 이야기한다.[35] 여기서 더 나아가 우리는 남녀 간의 건강한 성애 역시 하나님 사랑을 '유비적으로' 표현한다고 말할 수 있을 것이다.

또 한 가지 우리가 하나님 사랑의 유비로 볼 수 있는 것은 유아와 부모 사이의 건강하고 친밀한 관계이다. 유아-부모 간의 친밀한 신체적 교류를 우리가 성애라고 부르건 부르지 않건 우리는 거기서도 역시 하나님 사랑의 '유비'를 찾을 수 있다.

그러나 현실적으로 남녀 간의 성애와 마찬가지로 유아-부모 간의 '성애' 역시 그처럼 건강하고 이상적이기보다는 좌절, 왜곡된 욕구들의 전치인 경우가 적지 않다. 다시 말해 그것이 두려움, 수치, 분노, 공격성 같은 부정적 감정들

---

[35] Barth, 『교회교의학』, III/2, 336.

과 부정적 관계의 투영인 경우가 많다. 이런 부정적 대상관계는 왜곡된 성적 행동을 야기할 뿐 아니라 그 유아들 내면의 자아상과 '내면의 하나님상'(the internal image of God)을 왜곡시키는 결과를 낳기도 한다.

우리가 다음 장에서 살펴보고자 하는 것이 바로 이와 같은 '내면의 하나님상'의 문제이다.

제5장

하나님 vs. 내면의 하나님

1. 마르틴 루터의 하나님

에릭 에릭슨(Erik Erikson)은 그의 책 『청년 루터: 루터의 정신분석과 역사 연구』(*The Young Man Luther: A Study in Psychoanalysis and History*)에서 다음과 같은 루터의 어린 시절 회고를 인용한다.

> 언젠가 아버지가 내게 너무 매질해서 도망을 쳤다. 아버지가 나를 다시 회유할 때까지 나는 아버지에게 분(憤)을 품고 있었다. … 어머니는 밤 하나를 훔쳤다고 피가 날 때까지 나를 때리셨다. 어머니는 좋은 뜻으로 그렇게 하셨겠지만 이런 엄격한 훈육이 나를 수도원에 들어가게 만들었다.[1]

---

1 Erik Erikson, 『청년 루터』(*Young Man Luther: A Study in Psychoanalysis and History*), 최연석 역 (서울: CH북스, 2000), 78에서 재인용.

에릭슨에 따르면 루터가 수도원에 들어가게 된 근본 동기가 바로 이 같은 루터와 그의 부모 사이의 심리적 '미해결 과제'를 해결하기 위해서였다. 어린 시절 루터는 좀처럼 그의 아버지에게 대들지 못하는 아들이었다. 그렇기에 그가 법률가가 되기 원했던 그 아버지의 기대를 저버리고 그렇게 수도원에 들어간 것은 자신을 학대한 아버지에 대해 그가 무의식적 보복을 행한 것이라 볼 수 있다. 그러나 에릭슨은 루터가 그의 아버지에 대해 품은 분노가 양가적인 것이었음을 강조한다. 에릭슨에 의하면 그는 "숨도 못 쉴 만큼 두려움에 떨 때조차도 자기 아버지를 진정 미워할 수 없었고 다만 슬퍼할 뿐이었다."[2]

결국 이러한 에릭슨의 해석에 따르면 수도원에 들어간 이후에도 계속된 루터의 내적 갈등이 실상 그가 그 부모에 대해 가진 양가감정이 하나님에게로 '전이'된 양상이라 볼 수 있다. 이런 견지에서 루터의 유명한 수도원 '옥탑방 체험'(1519)은 그가 부모에 대해 가진 그런 "강박적 갈등으로부터 마침내 놓여난" 사건이었다고 볼 수 있다.[3]

이러한 에릭슨의 해석은 일면 종교에 대한 프로이트의 시각에 잘 부합하는 것이다. 프로이트에 의하면 종교란 아

2　Erikson, 『청년 루터』, 79.
3　Erikson, 『청년 루터』, 263.

버지를 죽인 인간의 강박적 죄책감에서 유래한다. 종교는 이처럼 아버지를 죽인 죄책감을 해소하기 위해 인간이 창안해낸 제도인 동시에 외부세계와 갈등 없이 융합되어 있던 모태(母胎) 경험에 대한 막연한 그리움에 기원한 것이다.[4] 에릭슨에 의하면 루터의 회심은 그의 아버지처럼 그를 매질하고 그의 아버지 편에서 그와 의절까지 했던 무정한 그의 실제 어머니 이전의 어머니, 즉 보다 이상적인 어머니를 '발견한' 사건이었다.[5]

개신교 역사가인 롤런드 베인턴(Roland Bainton)은 이 같은 에릭슨의 『청년 루터』를 루터에 관해 쓰인 '최악의 책'이라고 폄하했다.[6] 그 이유는 그것이 신앙적 갈등이었던 루터의 내적 갈등을 단순한 심리적 갈등으로 치부해 버렸기 때문이다.[7] 그러나 우리는

마르틴 루터(1483-1546)

---

4 Freud, 『문명 속의 불만』, 237.
5 "루터는 성경에서 마침내 그가 인정할 수 있는 어머니를 발견했다고 나는 생각한다." Erikson, 『청년 루터』, 270.
6 Donald Capps, "Erik H. Erikson's Young Man Luther: A Classic Revisited", *Pastoral Psychology* 22, (2013), 329.
7 Hetty Zock, *A Psychology of Ultimate Concern: Erik H. Erikson's Contribution to the Psychology of Religion* (New York: Rodopi, 2004), 182.

신앙적인 갈등이 심리적 갈등이 아니라고 하는 이러한 베인턴의 이분법적 전제에 대해 물음을 던져 볼 수 있다.

우리는 저자 에릭슨이 말하듯 하나님이 그 심리적 갈등과 무관한 곳에서가 아니라 오히려 그런 심리적 갈등 "속에서"(from inside)[8] 일하신다고 생각해 볼 수는 없을까?

하나님이 이처럼 심리적 갈등 '속에서' 일하신다는 것은 위 루터의 경우나 다른 여러 경우에서도 마찬가지로 하나님이 그들 내면의 나쁜 대상관계를 변화시키시는 방식으로, 다시 말해 그들 내면을 치유하는 방식으로 당신을 나타내신다는 의미이다.

2. 프로이트의 관점

그러면 프로이트 본인이었다면 루터의 신앙을 어떻게 해석했을까?

우리는 비록 루터에 대한 프로이트의 해석을 찾아보지 못하더라도 그가 레오나르도 다빈치(Leonardo da Vinci)의 신앙을 해석한 다음의 글 속에서 그가 루터를 어떻게 해석했을지 충분히 짐작할 수 있다.

---

8 Erikson, 『청년 루터』, 278.

누군가 레오나르도처럼 어린 시절에 아버지의 위협을 피해 달아났거나 연구를 통해 권위의 굴레를 벗어던졌던 사람이 여전히 신앙인으로 남아서 교조적인 종교를 탈피하지 못하고 있다면 우리에게 그것이 매우 의아하게 보일 수 있다.

정신분석학은 그러나 아버지 콤플렉스와 하나님 신앙 사이의 밀접한 관계를 우리에게 알게 해 준다. 정신분석학은 우리로 하여금 개인의 하나님이 단지 신격화한 아버지에 지나지 않음을 알게 한다. 그것은 젊은이들에게 아버지가 권위를 상실할 때 그들의 종교적 신앙도 무너진다는 것을 보여 준다. 그래서 종교의 뿌리는 결국 부모 콤플렉스에 있다는 것을 보여 준다. 전능한 하나님이나 자비로운 대자연에 대한 믿음은 그들 부모의 신성화이거나 그들이 어릴 적 부모에 대해 가졌던 신념의 부활로 보인다.

생물학적으로 볼 때 종교성은 어린 인간의 만성적 무력감이나 의존 욕구에 기인한 것이다. 그런데 이후에 그가 삶의 역경에 부딪혀서 자신이 얼마나 무력하고 연약한 존재인지 깨닫게 될 때, 어린 시절과 같은 상황이 된 그는 그런 자신의 낭패감을 부인하기 위해 그 어린 시절 자신을 보호했던 힘을 부활시켜 다시 퇴행적으로 의존하게 된다. 종교인들이 그들의 신경질환을 모면하고자 종교에서 구하는 혜택이 어떤 것인지 우리는 이렇게 쉽게 설명할 수 있다. 종교는 그들 개인이나 인류 전체가 가진 죄책감의 원인인 부모 콤플렉스를 해소해 주는 것이다. 반면 비종교인은 그 문제를 자기 힘으로 극복해야 한다.[9]

요컨대 프로이트의 견지에서 루터는 아버지를 피해 수도원으로 달아났지만, 여전히 그가 가진 유아적 '무력감과 연약함' 때문에 그의 아버지의 변형인 하나님에게 매달렸던 사람이라 볼 수 있다. 이런 루터의 신앙 속에는 여전히 아버지에 대한 두려움과 의존 욕구가 '신경증적으로' 양립하고 있다.

그런데 이러한 프로이트적 해석에 대해 제기될 수 있는 반론은 이런 해석이 비록 회심 이전 루터의 신앙에 대해서는 적절할지 몰라도 그 이후의 신앙에 대해서는 충분한 설명이 못된다는 것이다. 물론 프로이트는 로맹 롤랑(Roman Roland)의 소위 '대양감'(大洋感, oceanic feeling)에 대한 물음에 답했던 것과 비슷한 대답으로 루터의 옥탑방 체험을 설명할 수 있었을 것이다.[10] 즉 수도원 옥탑방에서 루터가 경

---

9 Freud, "레오나르도 다빈치의 유년의 기억", 『예술, 문학, 정신분석: 프로이트 전집 14』(*Eine Kindheitserinnerung des Leonardo da Vinci*), 정장진 역 (서울: 열린책들, 2004), 243-244.
10 로맹 롤랑은 프로이트에게 서신으로 그가 경험한 소위 '대양감', 즉 무한한 대양 속에 있는 것 같은 신비하고 초월적인 느낌을 어떻게 이해해야 할지 질문했다. 이에 대해 프로이트는 자신에게는 그런 경험

험한 하나님은 현실을 피해서 유아기에 그가 경험했던 그 모체와의 융합 상태로 되돌아가는 '환상' 같은 것이라 설명할 수 있었을 것이다.

그러나 우리가 기억할 것은 프로이트 자신 역시 인정하듯이[11] 반복해서 그가 말하는 그 '유아적 환상'은 사실상 '대양감'과 같이 불가해한(intangible) 신비적 체험에 대한 충분한 설명이 되지 못한다. 실상 그 외에도 종교 체험에 관한 그의 해석은 하나님이 인간이 만들어 낸 창조물에 불과하다는 그의 주장을 그가 단언하는 만큼 그렇게 잘 증명해 내지 못한다. 대니얼 J. 프라이스(Daniel J. Price)가 지적하듯 그의 해석은 하나님을 믿는 사람들의 신앙만큼이나 하나님을 믿지 않는 사람들의 불신앙에 대해서도 똑같이 적용될 수 있기 때문이다. 하나님 신앙이 유아적 의존 욕구의 투영이라면, 프로이트가 보여 주는 것 같은 무신론적 태도는 아버지를 제거하려는 유아적 공격성의 발현이라고 볼 수 있다.[12]

이 없다고 말하면서 아마도 그것이 모체와 하나이던 태아 시절의 기억으로 외부세계의 위협으로부터 숨으려는 심리 기제와 관련이 있을 것으로 이야기한다. 그러나 그는 이에 덧붙여 이처럼 "실체가 없는 미지의 것들을 연구하기는 무척 어렵다"는 점을 인정하고 있다. Freud, 『문명 속의 불만』, 244.

11 Freud, 『문명 속의 불만』, 244.
12 Daniel J. Price, *Karl Barth's Anthropology in Light of Modern Thought* (Grand Rapids, MI: Eerdmans, 2002), 291.

결국 그의 이론은 사람들이 하나님을 믿거나 혹은 믿지 않는 데 대해 한 가지 그럴듯한 심리학적 설명을 제시하고 있을 뿐 영적 실재에 대한 이해에는 별로 큰 도움을 주지 못하는 것이다.

3. 중간 대상으로서의 하나님

하나님이 인간의 창조물이라는 프로이트의 주장에 대해 어쩌면 프로이트 자신보다 더 설득력 있는 설명을 제공하는 것은 후대의 심리학자 애너 마리아 리주토(Ana-Maria Rizzuto)라고 할 수 있다.

『살아 있는 신의 탄생』(*The Birth of the Living God*)이라는 책에서 리주토는 어린아이들 마음속에 처음 형성되는 '하나님'이 위니컷이 말한 것 같은 일종의 중간 대상(transitional object)이라고 주장한다.[13] 그것은 곧 하나님이 아이가 안고 있는 곰 인형처럼 부모를 대신하는 '중간 대상'이 되어 아이 맘속에서 생명력을 얻은 존재라는 것이다. 이런 하나님상은 실제 그 아이의 부모를 닮았을 수도 있고 그렇지 않을 수도 있다. 어느 쪽이건 그것은 아이의 내적 안정과 소망을

---

13 Rizzuto, 『살아 있는 신의 탄생』, 327.

유지하는 데 필요한 기능을 수행한다.[14]

이러한 리주토의 관점이 프로이트와 다른 점은 하나님을 믿는 신앙이 곧바로 미성숙함을 의미하는 것은 아니라고 보는 점이다. 예컨대 한 사람이 실제로 역기능적이었던 부모와의 관계보다 더 건강한 대상관계를 그 '하나님'과 맺고 있다면 그 신앙은 오히려 그의 내적 치유와 성숙을 의미할 수 있다.

리주토의 이론이 하나님 신앙에 대해 보다 공정한 이해라 할 수 있는 이유는 그것이 비단 신앙과 불신앙을 대등하게 보았기 때문만 아니라 자신의 이론이 하나님의 실재에 대한 긍정도 부정도 아니라는 점을 분명히 했기 때문이다. 즉 자신의 해석이 어디까지나 심리학적 해석에 불과하다는 점을 분명히 했기 때문이다.[15]

리주토 이론에 대해 기독교 신앙을 가진 심리학자들의 반응은 찬반양론으로 갈렸다. 먼저 스탠리 리비(Stanley Leavy)는 "우리 신앙이 퇴행적인 환상이나 심리적 페티시즘(fetishism)과 동일시되어서는 안 된다"[16]라고 이 이론을 반박했다. 이것은 곧 성령의 개입에 의한 초월적 경험을 단지

---

14 Rizzuto, 『살아 있는 신의 탄생』, 330.
15 "이 책은 종교에 관한 책이 아니라 대상관계에 관한 책이다." Rizzuto, 『살아 있는 신의 탄생』, 327.
16 Stanley A. Leavy, *Cross Currents*, Vol. 36, No. 2 (Summer, 1986), 154.

심리적 현상으로 환원시켜서는 안 된다는 지적이다. 결국 이것은 기본적으로 위에 언급한 베인톤의 비판과 비슷하게 신앙적 입장에서의 우려를 표명한 것이라 볼 수 있다.

이와 달리 예수회 신부이자 심리학자인 윌리엄 W. 마이스너(William W. Meissner)는 리주토의 이론이 충분히 기독교 신앙과 조화될 수 있다고 주장한다. 그는 교회의 신앙고백이나 교리가 사람들의 신앙의 '객관적 측면'을 구성한다면 내면의 하나님상은 그들 신앙의 '주관적 측면'을 설명해 준다고 이야기한다.[17] 그가 생각하기에 사람들은 어떤 주관적이고 구체적인 매개체 없이 하나님을 믿기 어렵다. 때문에 그들 내면의 하나님상은 그들이 살아 계신 하나님과 관계 맺는 데 장애물이 아니라 오히려 통로가 될 수 있다.[18]

마이스너가 인간의 심리 과정이 영적 성숙과 맞물릴 수 있다는 점을 보다 구체적으로 보여 주기 위해 쓴 책이 『이냐시오 로욜라: 한 성인의 심리학』(*The Ignatius of Loyola: the Psychology of a Saint*)이다. 여기서 그는 그가 속한 예수회의 창시자 이냐시오 로욜라의 영적 체험을 통해 한 인간의 심리적 역동이 어떻게 영적 변화의 매커니즘이 될 수 있는지 보

---

[17] William W. Meissner, "The Role of Transitional Conceptualization in Religious Thought", in Joseph H. Smith and S. A. Handelman eds., *Psychoanalysis and Religion* (Baltimore, MD: The John Hopkins University Press, 1990), 112.

[18] Meissner, *Psychoanalysis and Religion*, 106.

여 주려 했다. 마이스너의 분석은 그러나 여느 심리학자들의 심리분석과 크게 다르지 않다(이를테면 에릭슨이 루터를 심리학적으로 분석한 방식과 별반 다르지 않다). 마이스너는 특별히 이냐시오의 영적 추구가 심리학적 관점에서 볼 때 유아기에 그가 사별한 그의 친모에 대한 그리움과 연결되어 있다고 이야기한다.[19]

마이스너의 책에서 한 가지 흥미로운 부분은 이러한 이냐시오의 심리를 그와 마찬가지로 어린 시절 엄마를 잃은 천재 예술가 미켈란젤로(Michelangelo)와 비교한 대목이다.

이냐시오 로욜라(1491-1556)

마이스너의 분석에 따르면 두 사람의 공통점은 그들의 어린 시절 모성 상실의 경험이 그들로 하여금 잃어버린 엄마와 자신을 무의식적으로 동일시하는 데까지 이르게 했다는 점이다. 그런데 미켈란젤로의 경우 이러한

---

[19] Meissner, *The Ignatius of Loyola: A Psychology of a Saint* (New Haven, CT: Yale University Press, 1990), 362.

무의식적 동일시가 여성이 아닌 남성들과의 성적 편력으로 이어졌지만, 이냐시오의 경우 그것은 그의 종교적 열정으로 승화되어 그리스도의 신부(新婦)로서 그의 영적 추구로 이어졌다.[20]

여기서 우리가 물어야 할 질문은 무엇이 이러한 차이를 만들었느냐는 것이다. 그 답은 요컨대 이냐시오의 경우 그 모성 결핍이 미켈란젤로의 경우처럼 동성애가 아니라 하나님을 향한 열망으로 승화되었기 때문이라는 것이다. 현실에 없는 이상적 부모를 향한 희구가 이처럼 하나님을 향한 열망으로 승화된 것은 우리가 마르틴 루터에게서도 마찬가지로 발견할 수 있는 특징이기도 하다.

4. 이상적 부모를 향한 갈망

우리가 마르틴 루터나 이냐시오 로욜라의 영적 추구에서—또 아마도 레오나르도 다 빈치의 신앙에서도—발견할 수 있는 공통점은 그들이 현실에서 갖지 못한 이상적 부모를 그들의 신앙 속에서 찾았다는 점이다. 우리는 이러한 이상적 부모의 희구야말로 프로이트의 성욕원인설로는 충분

---

20 Meissner, *The Ignatius of Loyola: A Psychology of a Saint*, 363.

히 설명되지 않는 인간 내면의 본원적 지향성이라 말할 수 있다. 우리는 이러한 이상적 부모의 희구가 그들 안에 하나님을 만들어 냈다고도 볼 수 있겠지만, 반대로 하나님이 그들 사람으로 하여금 자신을 찾도록 그러한 갈망을 그들 안에 선험적으로 두신 것으로도 볼 수 있다.[21]

기독교 상담가인 이만홍과 황지연은 '인간이 이상화된 부모상을 찾아서 평생을 헤매는 존재'라는 현대 심리학의 발견이 사실상 매우 '신학적인' 발견이라고 지적한다.[22] 이러한 발견은 곧 인간이 "모두 하나님의 잃어버린 자들이고 이에 그들이 잃어버린 부모, 쫓겨 나온 자신의 집을 영원히 그리워하며 찾는" 존재라는 기독교의 신앙고백에 잘 부합하는 것이기 때문이다. 일찍이 아우구스티누스는 이러한 인간의 본원적 갈망에 대해 다음과 같은 고백으로 표현했다.

> 당신은 우리로 하여금 당신을 향하도록(*ad te*) 창조하셨습니다. 그러므로 우리 마음은 당신 안에 거하기까지 불안합니다.[23]

---

21 이를 시사하는 성경 구절은 "하나님이 모든 것을 지으시되 때를 따라 아름답게 하셨고 또 사람들에게는 영원을 사모하는 마음을 주셨느니라"(전 3:11)이다.
22 이만홍·황지연, 『역동심리 치료와 영적 탐구』, 244.
23 선한용, 『어거스틴의 고백록』, 19.

아우구스티누스가 고백한 이 "하나님 안에 거하기까지 쉬지 못하는(restless) 마음"을 독일의 신학자 슐라이어마허(Fredrich Schleiermacher)는 인간의 '절대적 의존 감정'(the feeling of absolute dependence)이라는 말로 지칭했던 것이리라. 슐라이어마허는 인간 안에 이러한 감정이 선험적으로 존재한다는 사실이 기독교 신앙의 진리성을 증명한다고 보았다.

그러나 인간의 종교성이 유아적 의존 욕구에 기인한다는 주장이 신 존재를 부정하지 못하는 것처럼 인간 안에 선험적으로 존재하는 '절대적 의존 감정' 역시 엄밀히 말해 신의 존재를 증명하지는 못한다.[24]

경험적이든 선험적이든 인간의 주관적 세계 안에서 하나님을 찾으려는 시도는 일찍이 포이어바흐가 지적한 대로 인간 자신을 신에게 투사하는 '자기 투사적 신학'(self-projective theology)의 함정에 빠지고 만다. 포이어바흐는 인간 자신의 경험을 하나님에게 투영하는 이러한 신학은 사실상 신학이 아니라 신학이라는 이름의 인간학일 뿐이라고 비판한다.[25]

여기서 우리는 이 같은 비판의 타당성을 일면 인정하면서도 인간 입장에서 신학은 어쩔 수 없이 인간 자신의 경험

---

[24] Price, *Karl Barth's Anthropology in Light of Modern Thought*, 290.
[25] Barth, "Ludwig Feuerbach", in Karl Barth and Thomas F. Torrance, *Theology and Church: Shorter Writings 1920-1928* (New York: Harper & Row, 1962), 231. 기본적으로 이러한 포이어바흐의 관점이 종교에 대한 프로이트의 관점과 연결된 것이라 볼 수 있다.

의 투영일 수밖에 없지 않느냐는 반문을 제기할 수 있다. 신학은 인간의 언어를 통해 하나님을 설명하려는 시도일 뿐 아니라 인간의 경험으로부터 하나님을 유추하려는 노력이다. 이런 의미에서 인간이 마음속에 그리는 하나님상은 넓은 의미에서 신학이라 할 수 있다. 혹자는 신학이 성경에 기초한 반면 내면의 하나님상은 단지 인간 경험에 기초할 뿐이라는 이유로 이런 주장에 반대할 수 있다.

그러나 여기서 우리가 기억해야 할 사실은 하나님의 계시라고 하는 성경 역시 원래 인간 경험의 기록이라는 사실이다. 그뿐만 아니라 우리는 그 성경의 언어를 이해하는 데 우리 자신의 경험을 투영할 수밖에 없다.

예컨대 예수께서 하나님을 "내 아버지 곧 너희 아버지"(요 20:17)라고 말씀하실 때 우리는 자기도 모르게 거기에 우리가 경험한 아버지상을 투영할 수밖에 없다. 혹은 우리가 그리는 이상적 아버지상을 자기도 모르게 거기에 투영하게 된다. 따라서 그 아버지 하나님을 알아 가기 위해 우리는 불가피하게 그 두 가지 아버지상 사이에서 갈등하게 될 수밖에 없다. 마르틴 루터가 수도원 성가대석에서 미친 듯 절규할 수밖에 없었던 이유 역시 어쩌면 여기에 있었던 것인지 모른다.[26] 루터는 그가 어릴 적 가졌던 그리스도상에 대해 이렇

---

26 Erikson, 『청년 루터』, 26.

게 회고한 바 있다.

> 어릴 적부터 줄곧 나는 그리스도의 이름을 들을 때마다 얼굴이 파리해지고 공포에 사로잡혔다. 왜냐하면, 오로지 나는 그를 엄하고 격노한 심판관이라고만 알았고 그렇게 배웠기 때문이다.[27]

비텐베르크의 아우구스투스회 수도원
루터는 이 수도원 옥탑방에서 로마서를 읽다가 '하나님의 의'(롬 1:17)의 참의미를 깨달았다.

이러한 루터의 부정적 그리스도상, 즉 하나님상은 필경 그의 친아버지에게 당한 '박해' 경험으로부터 말미암았고, 또한 그것은 필경 그가 하나님과 깊은 관계로 나아가는 데 장

---

27 Erikson, 『청년 루터』, 87.

애물이 되었을 것이다. 그런데 우리가 주목할 것은 그럼에도 그가 하나님에게 등을 돌리지 않고 도리어 수도원에 들어가 그 수도원 옥탑방에서 성경을 부여잡고 씨름했다는 사실이다.

무엇이 그로 하여금 이처럼 하나님을 향하여 간절하게 만들었을까?

물론 우리는 프로이트의 말처럼 이런 루터의 신앙이 그의 유아적 두려움과 의존 욕구로 말미암은 것이었다고 해석할 수 있고 또 어느 정도 그것이 사실일 것이다. 그러나 거기에는 단순히 그의 두려움이나 의존 욕구로만 환원시킬 수 없는, 현실 너머의 '이상적 대상'에 대한 갈망이 작용하고 있었다.

5. 자기대상 욕구와 하나님

아마도 마르틴 루터에게서 볼 수 있는 것 같은 '이상적 대상' 욕구를 가장 잘 설명해 주는 심리학 이론 중 하나가 코헛의 자기심리학일 것이다. 코헛은 유아가 중요한 대상관계 속에서 세 가지 자기대상을 추구한다고 이야기한다.

첫째, 자신의 존재가치를 거울처럼 비춰 주고 인정해 주는 '거울 자기대상'(mirroring selfobject)이다. 이 대상을 코헛이 자기대상이라 부른 이유는 아이가 이렇게 거울처럼 그 대상 속에서 찾고 싶은 자신을 발견할 수 있기 때문이다.

둘째, 아이가 찾는 자기대상은 코헛이 바로 '이상적 부모상'이라고도 부른 '이상화된 자기대상'(idealized selfobject)이다. 아이는 이처럼 자기 앞의 대상을 위대하고 무한한 능력을 가진 이상적 존재로 만듦으로써 그 대상을 통해 아이 자신이 그로부터 보호받고 지지받는 존재라는 느낌을 갖는다.

셋째, 코헛이 또 다른 자기대상(alter-ego selfobject)이라고도 부른 '쌍둥이 자기대상'(twinship selfobject)이다. 아이는 이 자기대상이 자신과 똑같다고 느낌으로써 자신이 어딘가에 소속되어 있는 존재라고 하는 소속감과 안정감을 누리게 된다.

코헛에 의하면 이상의 세 가지 자기대상은 인간이 단지 유아기만 아니라 평생 필요로 하며 일생 동안 끊임없이 추구하는 대상이다.[28]

코헛은 주로 병리적으로 자기애적인 환자들을 상담하면서 그의 이론을 발전시켰기 때문에 이러한 세 가지 자기대상 욕

---

28 홍이화, 『하인즈 코헛의 자기심리학 이야기 Ⅰ』, 64.

제5장 하나님 vs. 내면의 하나님 151

구를—적어도 초기에는—기본적으로 자기애적인 욕구라고 생각했다. 그러나 이후에는 자기대상 욕구가 모든 인간이 가진 인간 본연의 욕구이며 그러한 욕구가 외상적으로 좌절되었을 때만 병리적으로 자기애적인 성격을 띤다고 생각하게 된다(물론 우리는 하나님을

하인즈 코헛(1913-1981)

모르는 세상 속에서 사람들의 자기대상 욕구는 어떻게든 좌절될 수밖에 없기 때문에 누구나 어느 정도 자기애적일 수밖에 없다고 생각할 수도 있다).

코헛은 인간의 이러한 보편적 자기대상 욕구에 대해 이야기하며 그러한 자신의 이론을 '자기심리학'(self psychology)이라 불렀다. 그러나 자기심리학은 단지 자기를 찾는 사람들의 심리만 아니라 끊임없이 이상적 부모를 찾아 헤매는 사람들의 심리에 대해 이야기하는 심리학이다.

우리는 이처럼 이상적 부모를 찾아 헤매는 사람들의 모습에서 아우구스티누스가 말한 것 같은 하나님을 향한 지향적 존재로서의 인간의 본질을 확인할 수 있다. 하나님이야말로 우리가 찾는 궁극적 자기대상이며 '이상적 부모'라고 할 수 있기 때문이다. 그 이유는 하나님만이 우리의 진정한 '보호자'이며 우리의 '피난처'(시 32:7)가 되시기 때문

이다. 또한, 우리는 '하나님의 자녀'로 서는 그 자리에서만 진정 자신이 누구이며 우리가 어떤 가치를 지닌 존재인지 알 수 있다. 인간은 바로 그 자리에 이르기까지 아우구스티누스가 말한 것처럼 참평안을 얻지 못하며 계속해서 누군가를, 또는 무언가를 찾아 헤매는 존재이다.

우리는 리주토가 이야기하는 내면의 하나님상이 이렇게 이상적 부모를 찾는 사람들이 마음속에 그리는 일종의 밑그림 같은 것으로 이해해 볼 수 있다. 리주토는 내면의 하나님상이 일종의 중간 대상이라고 설명하면서 그것의 기능이 현실의 부모와의 역기능적인 관계로부터 아이의 '막연한 소망'을 지켜 주는 역할이라는 점을 강조했다.[29]

그러나 이러한 중간 대상의 역할은 비단 그런 방어적인 역할에 머물지 않는다. 원래 위니컷이 이야기한 중간 영역(intermediary sphere)이란 단지 자기방어적인 공간이 아니라 창조적인 공간이다.[30] 단지 현실로부터 자신의 '환상'을 보호하는 것만이 아니라 그 현실 너머의 새로운 세계를 꿈꾸는 공간인 것이다. 아이들은 이 공간에서 아직 현실에서 만나지 못한 대상을 꿈꾸고 그와의 만남을 통해 새롭게 실현되는 자신을 그린다.

---

29 Rizzuto, 『살아 있는 신의 탄생』, 330.
30 Winnicott, 『놀이와 현실』, 170.

위니컷에 의하면 이러한 정신 활동은 성인이 되어서도 이어지는데, 성인에게 있어 그것은 물론 특정한 다른 인물—예컨대 특정 선생님이나 이성(異性)—을 이상화하거나 그와의 관계 속에서 새로운 자신을 꿈꾸는 것 같은 모습으로 나타난다. 이러한 과정은 그런데 그들의 하나님과의 관계에서도 유사하게 이루어진다고 볼 수 있다.

물론 프로이트의 관점에서 볼 때 내면의 하나님상은 일종의 환상(illusion)에 지나지 않는다. 그러나 리주토의 지적대로 우리가 기억해야 할 것은 환상과 실재란 늘 우리 삶 속에 공존하는 두 가지라는 사실이다. 아이가 엄마를 이상화하고 그녀의 눈 속에서 자신을 바라보는 것 역시 일종의 환상이다. 그러나 엄마는 그러한 아이와 눈길을 주고받으며 그 기대에 부응할 뿐 아니라 때로는 그 기대의 좌절을 야기하기도 한다. 이를 통해 아이가 보다 실제적인 엄마를 알아 가며 실제적인 자신에 대해서 알아 갈 수 있도록 이끄는 것이다.

우리는 하나님이 바로 이와 동일한 상호 작용을 성인이 된 우리 삶 속에서도 이어 가신다고 볼 수 있다. 하나님은 우리의 기대에 반응하시고 때로는 그

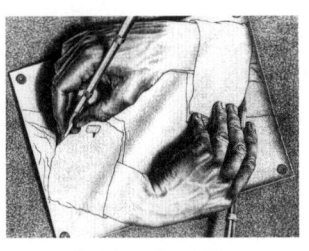

「그림 그리는 손들」
마우리츠 에스허르(M. C. Escher) 作

기대의 좌절을 허락하신다. 그러면서 우리로 하여금 진정한 그분이 어떤 분인지 더듬어 찾아가게 하시는 것이다. 이러한 과정에서 우리 내면의 하나님상은 우리 자신이 그리는 그림이기도 하지만 동시에 하나님이 우리의 손을 잡고 그리시는 당신의 형상이라고도 말할 수 있다. 그것은 우리 마음의 투영이기도 하지만 동시에 하나님의 우회적인 자기계시(self-revelation)라고도 볼 수 있는 것이다.

6. 사람의 얼굴 vs. 하나님의 얼굴

기독교 심리학자인 제임스 로더(James Loder)는 생후 3개월된 영아가 사람의 얼굴에 주목하기 시작하고 심지어 얼굴 사진에조차 반응하며 미소 짓는 사실에 주목한다. 로더는 영아가 주목하는 이 얼굴이 인격적 교류의 중심일 뿐 아니라 하나님의 현존을 원초적으로 경험하는 '통로'라고 주장한다.[31]

물론 영아가 실제로 바라보는 것은 그 엄마의 얼굴이다. 그러나 이 시기 영아가 엄마에게 갖는 온전한 신뢰는 그가

---

[31] 이러한 로더의 주장은 정신분석가 르네 스피츠(René Spitz)가 한 살 영아의 삶을 관찰하여 쓴 책 『생후 일 년 차의 삶』(*The First Year of Life*)에 근거하고 있다. James Loder, 『종교 체험과 삶의 변환』(*The Transforming Moment*), 김성민 역 (서울: 한국신학연구소, 2001), 268.

거기서 만나는 얼굴이 비단 엄마의 얼굴이 아니라 온전하신 하나님의 얼굴이라는 것을 암시한다. 로더에 의하면 이렇게 영아가 엄마의 얼굴 속에서 만난 하나님은 이후 그 얼굴을 잃어버린 이후에도 하나님 형상을 재구성하는 하나의 '원본'(prototype)이 된다.[32]

로더의 이러한 주장은 다소 실증성이 부족해 보이는 것이 사실이다. 그러나 이러한 로더의 주장을 통해 우리가 다시 기억할 수 있는 점은 가장 어린 시절 부모와의 관계가 하나님과의 관계 형성의 기초가 된다는 사실이다. 생후 6개월 이후 아이가 그 온전한 하나님 얼굴을 잃어버리게 되는 것도 엄마의 얼굴이 눈앞에서 사라지기 시작하고 그 엄마에 대한 신뢰가 시험받기 시작하면서부터이다. 이제 부모와의 관계에서 부정적 경험이 발생하기 시작하고 그것은 이후 부정적 하나님상으로 투영될 수 있다. 어린 시절 루터가 갖고 있었던 '엄하고 격노한 심판관'으로서의 하나님상이 바로 이렇게 형성된 내적 대상이라고 할 수 있다. 이제 부모의 격노한 얼굴은 진정한 하나님의 얼굴을 가리는 장애물이 되기 시작한다.

그러나 부모가 이렇게 하나님을 가리는 장애물이 되기 시작했다는 것은 그들이 더 이상 하나님을 나타내는 통로

---

32 Loder, 『종교 체험과 삶의 변환』, 270.

가 아니라는 것을 의미하지 않는다. 바르트가 말하듯 부모는 여전히 그 자녀에게 '하나님의 표상'(the representation of God)으로 기능한다.[33] 부모의 화난 얼굴이 하나님의 얼굴이 된다는 사실 자체가 역설적이지만 부모가 여전히 하나님의 표상으로 작용한다는 것을 의미한다. 하물며 부모의 불완전하지만, 여전히 자신을 사랑하고 헌신하는 모습이 자녀에게 하나님의 사랑과 헌신을 떠올리게 하는 중간 대상이 되는 것은 두말할 나위 없다. 이러한 부모의 표상은 영아기의 잃어버린 온전한 자기대상을 되찾고자 하는 자녀의 염원과 함께 하나님이 자신을 나타내시는 방편이 된다.

또한 우리는 비단 그 부모만 아니라 그 외 다른 중요한 사람들과의 관계도 하나님의 표상이 될 수 있다는 사실에 주목할 필요가 있다.

그 한 예가 바로 수도원에서 루터의 후견인이자 멘토 역할을 했던 요한 폰 슈타우피츠(Johann Von Staupitz)와 루터의 관계이다.[34] 루터가 성당에서 성체를 치켜든 슈타우피츠를 따

루터의 멘토였던 요한 폰 슈타우피츠(1460-1524)

---

33 Barth, 『교회교의학』 III/4, 338-339.
34 Erikson, 『청년 루터』, 211.

라가다가 너무 긴장한 나머지 기절할 뻔했다는 사실은 원래 그의 아버지를 향한 것이었던 두려움이 수도원에서 슈타우피츠 같은 선임자에게까지 전이되어 나타났다는 것을 시사한다.

슈타우피츠는 그러나 루터의 친아버지와는 매우 다른 사람이었다. 그는 루터가 하는 신학 연구와 설교를 줄곧 격려했으며 루터의 고지식한 사고방식과 난폭할 정도로 반항적인 태도조차도 여유 있게 수용해 주는 선임자였다. 또한, 그는 그 자신의 연약함과 실수에 대해서까지도 솔직히 루터와 나눌 만큼 개방적인 성격의 소유자였다. 이러한 슈타우피츠는 에릭슨의 말처럼 루터에게 '심리 치료사 역할'을 했던 것이 분명하다.[35] 즉 루터 내면의 부정적인 아버지상을 변화시키는 매개 역할을 했던 것이다.

언제부턴가 루터는 슈타우피츠를 '아버지'라고 부르기 시작했다.[36] 이것은 그가 가지고 있는 아버지상이 어느새 변화되기 시작했다는 것을 시사한다. 이렇게 그의 아버지상이 바뀌기 시작했다는 것은 또한 그 아들로서 자신의 상도 변화되기 시작했다는 것을 의미한다. 즉 새로운 자기대상 속에서 그의 새로운 자기를 찾을 수 있었다는 것이다.

---

[35] Erikson, 『청년 루터』, 212-213.
[36] Erikson, 『청년 루터』, 216.

그렇다면 슈타우피츠와의 관계는 루터와 하나님의 관계에는 어떤 영향을 끼쳤을까?

슈타우피츠와의 친밀한 관계는 그의 '옥탑방 체험'에는 어떤 영향을 끼쳤을까?

말할 것도 없이 깊은 긍정적 영향을 끼쳤을 것이다. 루터는 슈타우피츠가 언젠가 자신에게 "사람은 하나님 사랑을 받고자 회개하는 것이 아니라 하나님 사랑을 받기 때문에 회개하는 것이라"라고 이야기한 적이 있다고 했다.[37] 그리고 루터는 이런 말을 비롯해서 슈타우피츠의 가르침들이 그의 신학에 깊은 영향을 끼쳤다고 고백했다. 그래서 루터는 슈타우피츠를 심지어 '복음의 아버지'라고까지 불렀다.[38]

그런데 흥미롭게도 슈타우피츠 자신은 그가 루터에게 그 같은 말을 한 사실을 부인했다고 한다. 이것은 루터가 슈타우피츠의 생각이나 말들을 실제보다 이상화해서 받아들였다는 것을 시사한다. 혹은 그의 말이 아니라 그가 자신을 대하는 태도 자체를 그런 메시지로 받아들였던 것인지 모른다.

아마도 그와의 관계에서 루터는 사랑받고자 해서 변하는 것이 아니라 사랑받음으로 변하는 자신을 경험했던 것인지 모른다. 그리고 이러한 슈타우피츠와의 관계는 그의 내

---

[37] Erikson, 『청년 루터』, 214.
[38] Erikson, 『청년 루터』, 214.

면의 하나님상을 변화시키고 "하나님의 의는—행위가 아니라—믿음으로 말미암는다"(롬 1:17)라는 말씀 역시 새롭게 이해하는 계기로 작용했을지 모른다. 만일 이것이 사실이라면 과연 슈타우피츠는 루터가 고백했던 것처럼 루터를 거듭나게 한 '복음의 아버지'였다고 말할 수 있다.

본 장에서 마지막으로 우리가 생각해 볼 것은 내면의 하나님상의 변화가 우리 자신을 바라보는 내적 태도의 변화와도 맞물려 있다는 사실이다. 내면의 하나님상이 일종의 내면화된 자기대상이라면 그 하나님상은 그 하나님을 통해 자신을 어떻게 바라보느냐는 점과 밀접한 연관이 있을 수밖에 없다.

루터에게서 슈타우피츠와의 경험이 그의 하나님상을 변화시키는 경험이 되었던 이유가 바로 여기에 있다. 루터는 슈타우피츠와의 관계 속에서 자기 자신을 바라보는 눈이 바뀌었다. 그는 더 이상 자신을 이전에 그의 친아버지가 그렇게 불렀던 것처럼 '귀신들린 자'가 아니라 온전한 하나님의 아들로, 하나님에게 쓰임 받을 수 있는 엄청난 잠재력을 지닌 자로 바라보기 시작했다.

루터는 이처럼 공감적이고 수용적인 대상의 역할을 내면화하여 자기 스스로를 그렇게 공감하고 수용할 수 있는 사람이 되었다. 코헛은 이 같은 내적 변화를 '변형적 내면화'(transmuting internalization)라 부른다.[39] 이것은 곧 좋은 자기대상의 경험이 자기 개념에 중대한 변화를 일으킨다는 것을 의미한다.

우리는 이와 같은 과정을 통해 일어나는 변화가 바로 인격적 성숙일 뿐 아니라 하나님과의 관계의 변화이며 영적 성숙이라고 말할 수 있다. 왜냐하면, 그것은 자신을 바라보는 시각만 아니라 하나님을 바라보는 시각의 변화이기 때문이다. 이제 우리는 다음 장에서 이러한 영적 성숙의 과정과 인격적 성숙의 관계에 대해 논의를 이어 가고자 한다.

---

[39] Heinz Kohut, 『정신분석은 어떻게 치료하는가?』(*How Dose Psychoanalysis Cure?*), 이재훈 역 (서울: 한국심리치료연구소, 2007), 111.

제6장

거룩과 성숙

1. 거룩한 대상

에릭슨은 '거룩한 대상'(the numinous)을 향한 인간의 경외가 그 엄마의 얼굴을 찾는 어린아이의 모습에서 처음 발견된다고 이야기한다.[1]

그런데 이것은 인간 최초의 경배 대상이 그 엄마라는 의미일까?

만일 우리가 인간의 종교성이 부모에 대한 무의식적 의존 욕구에 기인한다는 프로이트적 관점에 선다면 아마도

---

[1] Erikson, *Toys and Reasons* (New York: W. W. Norton & Company, 1977), 89.

이런 결론이 가능할 것이다. 그러나 우리는 이에 대해 좀 다른 해석을 취할 수 있는데, 그것은 곧 유아의 부모가 그 '거룩한 대상' 자체라기보다 그러한 대상을 경험하는 매개 역할을 한다는 것이다.

우리는 먼저 융의 심리학에서 바로 이와 비슷한 해석을 찾아볼 수 있다. 융은 그 엄마의 얼굴을 통해 유아가 만나는 것이 어떤 인류 보편의 원형(archetype)이라고 이야기한다. 융이 '온전함의 원형'(the archetype of wholeness)이라 부른 이것은 우리 안에 있는 부모 이마고(parental imago)와 함께 하나님의 형상(God-image)을 형성하는 그런 원재료로 작용한다.[2] 융에 의하면 종교란 유아기에 경험한 이러한 원형의 기억을 우리 내면 깊은 곳으로부터 불러오는 것이라 할 수 있다.[3]

그런데 이러한 융의 해석에 대해 한 가지 제기될 수 있는 의문은 유아가 경험하는 그 '온전한 대상'이 융이 말하는 것 같은 '원형'이라 보기에는 유아와 그 대상과의 상호 작용이 너무나 '인격적'인 상호 작용이라는 점이다. 유아가 바라보는 그 얼굴은 유아의 독특한 존재와 요구를 반영해 주며 그런 상호 작용을 통해 아이를 인격체로 형성하는 원

---

[2] Jung, *Answer to Job: Collected Works of C. G. Jung* 11 (Princeton, NJ: Princeton Univ. Press, 1975), 727.
[3] Jung, 『상징과 리비도: 융 기본저작집 7』, 140.

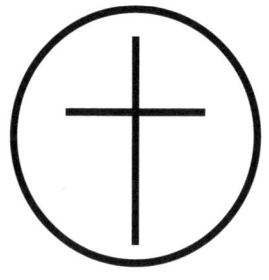

융의 원형적 얼굴
융은 원과 십자가로 구성된 이 얼굴이 '온전함'(wholeness)을 상징하는 원형이라고 보았다.

초적 '자기대상'이다. 이로 보건대 부모 이면에서 그 유아를 마주 보는 존재는 그 부모와 마찬가지로 인격적인 존재임이 분명하다. 다시 말해 그것은 융 심리학에서 말하는 것처럼 인격성 없는 단순한 초월적 원형이 아니라 그 아이의 부모처럼 인격을 가진 인격적 존재라 보는 것이 더 타당하다. 즉 우리는 유아가 그 부모의 얼굴을 통해 경험하는 대상이 부모와는 다른 초월적 존재이지만 그 부모처럼 인격적으로 그 아이를 사랑하시는 바로 하나님이시라고 생각해 볼 수 있다.[4]

우리의 이러한 해석은 성경이 우리에게 말해 주는 바와도 일치한다. 마태복음 18장에서 예수는 한 어린아이를 제자들 앞에 세우시고 이렇게 말씀하셨다.

---

4 저자의 이와 같은 해석은 대체로 기독교 심리학자 로더의 견해를 따른 것이다. 로더에 의하면 유아와 '그 얼굴' 사이의 상호 작용은 아이의 인격을 형성하고 그 아이 안에 하나님에 대한 원형적 이미지를 형성한다. Loder, 『종교 체험과 삶의 변환』, 270.

> 이 작은 자 중 하나도 업신여기지 말라 너희에게 말하노니 그들의 천사들이 하늘에서 하늘에 계신 내 아버지의 얼굴을 항상 뵈옵느니라(마 18:10).

예수의 이 말씀이 시사하는 바는 그 아이들이 의식하지 못하는 사이 예수께서 '천사'라고 지칭하신 모종의 매개적 존재를 통해 그들과 하나님 사이의 항상적인 교류가 이뤄지고 있다는 것이다.

그런데 이 교류가 역시 무의식적이라는 것은 그 아이들이 그렇게 자신들이 교류하는 대상의 정체를 분명하게 인식하지 못하고 있다는 것을 의미한다. 다시 말해 아이들은 자신이 그렇게 '완전한 대상'으로 바라보는 그 얼굴이 부모의 얼굴인지, 하나님의 얼굴인지 아직 분간하지 못하고 있다.

생후 6개월 된 유아는 마침내 그 엄마의 얼굴을 알아보기 시작한다. 그런데 이때부터 유아는 그 엄마와 하나님의 얼굴을 분간하게 되는 것이 아니라 오히려 그 '완전한 대상'인 하나님을 잃어버리게 된다. 왜냐하면, 그가 바라보는 엄마의 얼굴이 때로 자기 앞에서 사라지고 자신의 욕구를 좌절시키는 경험이 반복될 때 아이가 신뢰하던 '그 엄마'와 함께 '그 엄마'와 동일시되던 그 완전한 대상도 이제 단지 환상이 돼 버리기 때문이다.

6개월 이전의 영아에게 하나님의 얼굴은 환상이 아니라 현실이었다. 그러나 유아가 이제 새로운 엄마를 '현실'로 경험하면서 그 현실과 다른 경험은 이제 환상이 되어 버린다. 로더의 말과 같이 아이는 세상에 나온 이후 또 한 번의 '실낙원'(失樂園)을 경험하게 되는 것이다.[5] 그런데 이후로 그 아이는 자신이 갖던 그 완전한 대상에 대한 믿음을 바깥 현실로부터 방어하기 위해 또 하나의 대안적 공간을 마련한다. 우리는 이렇게 형성된 아이의 내적 세계가 바로 위니컷이 말한 '중간 영역'이라 이해할 수 있다.

2. 잠재적 믿음의 공간

위니컷이 말하는 '중간 영역'(intermediate area) 혹은 '잠재적 공간'(potential space)이란 엄마와 하나이던 상태에서 분리된 유아가 그 연합의 환상을 유지하기 위해 마련한 내적 세계를 뜻한다.[6]

그런데 위의 논의와 연결해서 유아와 하나이던 '엄마'가 단지 현실의 엄마가 아니라 완전한 대상으로서의 엄마, 즉

---

5 Loder, 『종교 체험과 삶의 변환』, 271.
6 Winnicott, 『놀이와 현실』, 172.

유아적 하나님상을 의미하는 것이라 본다면 이 잠재적 공간은 그 '하나님'에 대한 유아의 무한한 신뢰가 잠정 유지되는 공간이라 이해할 수 있다.[7] 이렇게 본다면 바로 이 잠재적 공간이 리주토가 말하는 것처럼 아이 안에서 새롭게 하나님이 '탄생하는' 공간이 되는 것은 당연한 일이다.

그런데 우리가 유념할 점은 이 '잠재적 공간'이 6개월 이전의 그 완전한 대상에 대한 신뢰가 잠정 유지되는 공간인 동시에 그런 대상들이 새롭게 창조되는 공간이기도 하다는 점이다. 이 '잠재적 공간'은 창조적인 놀이의 공간이기 때문이다. 이전의 대상들은 이곳에서 아이들의 확장되는 상상력을 통해 새로운 대상들로 거듭나거나 새로운 생명력을 부여받는다.

예컨대 그 아이들의 잠재적 공간에서 그 같은 생명력을 부여받는 대상 중 하나가 바로 그들이 가지고 노는 인형이다. 그런데

---

[7] 이러한 관점에서 위니컷이 말한 유아의 '주관적 전능감'도 재해석해 볼 수 있다. 실상 이 시기의 유아는 아직 자의식 자체가 형성되기 이전이기 때문에, 유아가 이때 자기 자신을 전능한 존재로 여긴다고 하는 것은 실상 맞지 않는 말이다. 이보다 유아가 무한히 신뢰하는 그 '대상'으로부터 아직 분화되지 않았다고 말하는 것이 더 타당할 것이다.

아이들이 그 인형을 가지고 노는 모습을 잘 관찰하면서 우리는 실제로 많은 경우 그 인형이 그 아이들의 부모처럼 그들을 돌보는 존재가 아니라 오히려 그들의 돌봄을 받는 대상이라는 점을 발견한다.

이것이 의미하는 바는 이른바 '중간 현상'(intermediate phenomena)이 흔히 생각하듯 단순히 부모라는 대상 역할이 다른 대상(인형)에게로 전치되는 현상이 아니라는 점이다. 우리는 그 과정에서 아이의 부모가 아이 자신과 동일시되고 또 다른 대상(인형)이 자신과 투사적으로 동일시되는 다소 복잡한 전이와 교체가 일어난다는 것을 알 수 있다. 다시 말해 이 '중간 영역'에서는 자기와 자기대상 사이의 일치적 동일시와 상보적 동일시가 동시에 일어난다.

그 이유는 아마도 이 시기 이미 아이 안에는 코헛이 말한 '변형적 내면화'(transmuting internalization)[8]가 일어나서 그 내면화된 대상관계가 다른 대상관계로 전이되기 때문일 것이다. 즉 내면화된 부모가 이제 자기와 동일시되어 인형과의 관계로 전이된다는 의미이다. 이렇게 우리가 '중간 현상'을 '변형적 내면화'의 과정, 즉 대상을 내면화하여 '자기'를 돌보는 힘으로 변화시키는 과정과 연결시켜 보면 왜 중간 영역이 아이의 건강한 자기발달에 중요한 부분을 차지하는

---

8 Kohut, 『정신분석은 어떻게 치료하는가?』, 111.

지 이해할 수 있다.

한편 아이가 자라면서 그 '중간 영역'에서 아이가 자신과 동일시하는 대상은 점차 아이의 인형이나 장난감 같은 사물들만 아니라 단어나 이미지 같은 추상적 상징이 되기 시작한다. 그뿐만 아니라 이제부터 본격적으로 동화 이야기나 노래, 만화 캐릭터 등 다양한 문화 콘텐츠들이 아이들의 중간 세계를 구성하는 새로운 주인공들로 등장한다.

종교적 문화 속에서 자라는 아이들의 경우 종교적인 상징이나 이야기가 역시 그런 소재가 될 수 있는 것은 두말할 나위 없다. 예컨대 성경 이야기나 성경 인물 등이 자기와 동일시되고 그 이야기 속의 하나님이 자신의 하나님으로 상상된다. 이때 윌리엄 마이스너가 말한 것처럼 그들에게 들려진 성경 이야기와 가르침이 그들 신앙의 '객관적 측면'을 구성하는 한편, 그들이 영아 때부터 보유해온 완전한 대상에 대한 '믿음'은 그 이야기 속에 투영되어 그들 신앙의 '주관적 측면'을 형성한다.[9]

그런데 여기서 우리가 인정해야 할 것은 이처럼 후자가 '주관적 측면'이라고 해도 그것이 단순히 '환상'에 지나지 않는 것은 아니라는 점이다. 왜냐하면, 그것은 아이가 영아

---

9 Meissner, "The Role of Transitional Conceptualization in Religious Thought", 112.

기부터 교류해 온 그 '거룩한 대상'의 연속선상에 있으며, 앤 율라노프(Ann Ulanov)가 지적하는 것처럼 하나님이 계속해서 아이와 그런 '원초적 대화'를 이어 가시는 방식이라고 볼 수 있기 때문이다.[10] 하나님은 우리가 가진 이미지들을 통해 우리에게 자신을 계시하신다. 그러므로 프로이트가 단지 유치한 본능적 욕구의 투영일 뿐이라고 본 종교적 환상은 하나님이 아이의 눈높이에서 아이에게 말을 거시는 방법이라 볼 수 있다.

아이가 좀 더 성장해 가면 아이의 신앙 세계는 그런 '환상'들만 아니라 성경 말씀이나 교리 같은 '신앙적 개념'들로 새롭게 채워져 간다. 그러면서 아이의 믿음은 이제 막연한 '직관적-투사적  단계'를 벗어나 의식적이고 구체적인 고백적 단계의 신앙으로 발전해 간다.[11]

---

10 Ann Ulanov and Barry Ulanov, 『기도의 심리학』(*Primary Speech: A Psychology of Prayer*), 박성규 역 (서울: 은성, 2013), 68-69.
11 신앙의 발달 단계에 대해서는 James Fowler, 『신앙의 발달 단계』(*Stages of Faith*), 사미자 역 (서울: 한국장로교출판사, 1987) 참조.

그러나 우리는 이때에도 여전히 아이가 가진 신앙이 '객관적'인 것만 아니라 '주관적' 상상으로 가득하다는 사실을 기억해야 한다. 그래야만 그것이 '살아 계신 하나님'에 대한 신앙일 수 있기 때문이다. 성령은 객관적인 성경의 말씀과 교리를 통해 아이가 가진 신앙을 객관화하기도 하지만 동시에 아이와 현재진행형으로 상호교류하면서 그들이 읽는 성경 이야기에 주관적 생명력을 부여하기도 한다.

이러한 하나님과 아이 사이의 '상호주관적(intersubjective) 교류'에 아이의 부모를 비롯한 중요 타자들의 관계가 매우 중요한 매개적 역할을 함은 두말할 나위 없다. 이런 의미에서 아이의 부모야말로 가장 중요한 중간 대상이 아닐 수 없다. 성경의 이야기, 다양한 기독교적 상징, 성례전(聖禮典) 등 수많은 것이 중간 대상 역할을 하지만, 부모야말로 그들에게 가장 중요한 하나님의 중간 대상으로 작용한다.

바르트의 용어를 빌려 다시 말하자면 그들이 하나님의 '이차적 대상'(the secondary objectivity)이 된다고 할 수 있다.[12] 또는 고린도전서의 사도 바울이 말하는 것처럼 하나님을 보는 '동(銅)거울' 같은 존재가 된다고 할 수 있다.[13]

---

12 Barth, 『교회교의학』 II/1, 황정욱 역 (서울: 대한기독교서회, 2010), 58-59.
13 "우리가 지금은 거울로 보는 것 같이 희미하나 그 때는 얼굴과 얼굴을 대하여 볼 것이요 지금은 내가 부분적으로 아나 그 때는 주께서 나를 아신 것 같이 내가 온전히 알리라"(고전 13:12).

3. 중간 영역의 전투

특별히 어린 시절 신앙 형성에 부모가 가히 결정적인 역할을 한다고 말할 수 있는 이유는 무엇보다 아이들 내면의 하나님상이 그들 부모와의 관계와 깊이 맞물려 있기 때문이다. 이 점에 대해 우리에게 가장 많은 통찰을 제공하는 것은 역시 리주토의 『살아 있는 신의 탄생』(*The Birth of the Living God*, 1979)이다. 이 책에서 리주토는 자신이 연구한 백여 명의 환자 중 대표적으로 네 명의 사례를 들어 그들이 성장기에 경험한 부모와의 관계가 어떻게 그들 내면의 하나님상에 결정적 영향을 미치는지 보여 준다.

그런데 이 리주토의 사례들은 정신병동에 입원한 환자들의 사례이기 때문인지 대부분 부정적이거나 왜곡된 하나님상을 보여 준다. 다시 말해 성경에 계시된 참하나님의 모습과는 상당히 거리가 있는 하나님상들인 것이다.

리주토에 의하면 그 이유는 성장기에 그들이 부모와 가진 경험이 그들 내면에 역기능적인 작용을 하였기 때문이다. 일례로 리주토가 버나다인 피셔(Bernadine Fisher)라고 이름한 여성 환자의 경우는 하나님을 까다롭고 멀리 있는 존재로, 그래서 그녀로서는 도저히 만족시킬 수 없는 적(enemy)으로 간주하고 있다.[14]

리주토의 분석에 따르면 이러한 하나님상은 그녀의 성장 과정에서 형성된 방어기제를 보여 주는 것으로 그녀는 자신을 학대한 그녀의 엄마를 나쁜 엄마로 보지 않기 위해서 대신 그녀 자신을 나쁜 딸이라 여기고, 동시에 하나님을 그런 그녀로서는 도저히 만족시킬 수 없는 까다로운 적이라 여겨 왔다. 다시 말해 그녀의 엄마의 부정적 측면을 하나님에게로 전치시킨 것이다.

물론 반대로 많은 경우 부모와의 긍정적 관계 경험이 아이들의 긍정적 하나님상을 형성하는 데 기여하는 것은 두말할 나위 없다. 그러나 어떤 경우에도 그 부모가 하나님만큼 완벽할 수는 없다. 따라서 그 부모와의 부정적 경험은 아이들 마음속에 어두운 그림자를 만들 수 있는 것이 사실이다. 이런 '그림자'는 멜라니 클라인의 설명처럼 '좋은 부모상'으로부터 분리되어 내면에 억압되든지, 혹은 위의 여성 환자의 경우처럼 하나님에게로 투사되어 부정적 하나님상을 형성할 수 있다.

그러나 많은 경우 아이들의 부정적 이미지는 하나님보다는 그들이 전해 들은 마녀, 마귀, 악령 같은 나쁜 대상(상징)들에게로 투영되어 그런 비가시적 존재들에 대한 두려움을

---

14 Rizzuto, 『살아 있는 신의 탄생』, 306.

낳는다. 아이들은 그들의 꿈이나 이야기를 통해 그러한 나쁜 대상들을 극복하려 애쓰지만, 좋은 '안아 주는 환경'의 도움 없이 그러한 내면의 어둠을 극복하기란 쉬운 일이 아니다. 많은 경우 아이들은 그 힘에 압도되어 자신의 이야기를 잃어버리거나 부정적 세계상(相)에 사로잡히고 만다. 위의 버나다인 피셔를 포함한 리주토의 환자들의 사례가 바로 그러한 예들이라 볼 수 있다.

이런 의미에서 아이들의 '중간 영역'은 단지 가상적인 영역이 아니라 실제적인 영적 전쟁의 장이라 볼 수 있다. 이곳에서 하나님은 당신에 대한 아이들의 믿음을 보호하면서 숙성시키고 계시지만 이 '세상의 영'(고전 2:12)은 아이들 마음속

두려움에 사로잡힌 아이

에 부정적 이미지나 감정들을 심고 그러한 것들을 통해 참하나님의 모습을 가리거나 왜곡시킨다. 이것이 바로 융이 이야기한 바 "인간을 죽음으로까지 몰아가는 (보이지 않는) 마성적 힘"이라 볼 수 있다.[15] 또한 클라인이 자신의 임상 사례들에서 목격했다고 하는 아이들 내면의 '공격성'이나 '박해 불안

---

15 Jung, *Freud & Psychoanalysis*, 314.

들' 이면에 존재하는 영적 실체라고도 볼 수 있다.[16]

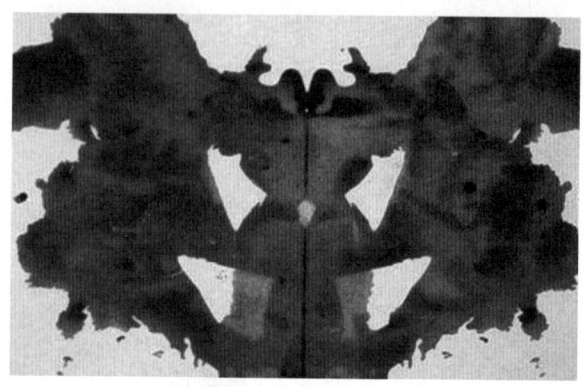

로르샤흐(Rorschach) 검사
그림을 보고 떠오르는 심상을 말하게 함으로
피검자의 내적 대상을 파악해 볼 수 있다.

그런데 과거 융이나 클라인이 살던 시대처럼 오늘날도 그러한 어둠의 영향력 아래 놓인 것은 여전히 변함없는 사실이다. 무엇보다 오늘날 그런 영향력 아래 놓인 것은 바로 우리의 가정이라 할 수 있다. 이러한 현실 속에서 많은 부모는 그들의 자녀들과의 관계에서 '하나님의 표상'으로서

---

16 클라인은 어니스트 존스에게 쓴 편지에서 "공격성이나 보상 기제가 인간 성격이나 삶에 작용하는 부분들에 대해 발견할 수 있었고 그것이 사람들의 우울증에 대한 중대한 통찰을 가져다주었다"고 이야기한다. King and Steiner eds., *The Freud-Klein Controversies 1941-45*, 174-175.

그들의 소임을 다하려 하지만 자주 실패하고 만다. 그리고 이것은 결국 그 자녀들이 그들 부모와의 관계만으로 온전히 하나님을 알거나 그 하나님에 대한 믿음을 지켜 가기가 어렵다는 것을 시사한다.

우리에게 사도 바울이 말한 것처럼 "예수 그리스도의 구속(救贖)으로 말미암는 은혜"(롬 3:24)가 필요한 이유가 바로 여기 있다. 예수 그리스도는 바로 우리에게 가장 온전한 하나님의 형상이다. 따라서 우리는 그를 통하여 비로소 진정한 하나님이 어떤 분이심을 알 수 있다.

그런데 우리가 이렇게 예수 그리스도를 통하여 진정한 하나님을 알 수 있다는 것은 단지 성경이나 교회의 가르침을 통해서만 하나님을 알 수 있다는 의미가 아니다. 우리가 하나님을 알게 되는 것은 우리의 인간성 자체가 예수 그리스도로 말미암아 하나님을 아는 통로로 구속된다는 의미라고 할 수 있다.[17]

여기서 구속은 곧 하나님의 말씀을 이해하는 우리의 인지적 기능만 아니라 우리의 감정이나 의지 역시 그리스도

---

[17] 바르트는 이것을 부활의 성령으로 말미암아 인간이 그리스도와 함께 '들어올려짐'(aufhenbung)이라 표현했다. 즉 인간의 지정의(知情意)가 예수 그리스도 안에서 하나님을 아는 지식으로 승화된다는 의미이다. Barth, 『교회교의학』 IV/2, 최종호 역 (서울: 대한기독교서회, 2012), 235.

안에서 새롭게 변화되는 것을 의미한다.[18] 또한 이것은 우리의 마음속 일회적 사건으로서 그리스도와의 만남뿐만 아니라 일생 동안의 그리스도와의 교제를 통해 우리 안에 그리스도의 형상이 이루어져 감을 의미한다고 할 수 있다.

그러면 우리는 이와 같은 영적 변화의 과정을 심리학적 관점에서는 어떻게 이해할 수 있을까?

4. 좌절과 성장

먼저 우리가 다시 기억할 것은 일반적으로 부모와의 관계가 자녀로 하여금 온전한 하나님을 알게 하는 데 부족한 것은 사실이지만 그들이 적어도 '부분적으로' 하나님을 알게 하는 통로가 되는 것만은 여전한 사실이라는 점이다. 부모는 그 자녀로 하여금 하나님이 어떤 분이심을 알게 하는 하나님의 표상으로 기능한다.[19]

서두에서 이야기한 대로 6개월 이전의 영아 역시 그 최초의 거룩한 대상을 엄마의 얼굴을 통해 만난다. 하나님의

---

[18] 예컨대 다음과 같은 성경의 표현에서 알 수 있다. "소망이 우리를 부끄럽게 하지 아니함은 우리에게 주신 성령으로 말미암아 하나님의 사랑이 우리 마음에 부은 바 됨이니"(롬 5:5).
[19] Barth, 『교회교의학』 III/4, 338-339.

얼굴을 이렇게 부모의 얼굴을 통해 만나는 경험은 이후로도 암묵적으로 계속되는 경험이라 볼 수 있다. 심지어 부모와의 역기능적 경험이 부정적 하나님상을 형성할 수 있다는 사실 자체가 역시 역설적으로 부모가 그 자녀에게 계속해서 하나님 표상으로 기능한다는 점을 시사한다.

물론 거듭 이야기한 바와 같이 모든 부모는 그 자녀에게 '온전한' 하나님 표상이 되기에는 역부족한 존재이다. 그러나 이것은 실상 자녀가 진정한 하나님과의 관계를 맺는 데 도리어 필요한 일이라 할 수 있다. 왜냐하면, 그들은 그 부모와의 관계를 비롯하여 현실 속에서의 좌절을 경험함으로써 도리어 온전한 자기대상이신 하나님을 바라보게 되기 때문이다. 인간의 성숙은 이처럼 현실의 좌절 경험을 통해 이루어져 가는 과정이라 할 수 있다.

인간이 '적절한 좌절'(optimal frustration)의 경험을 통해 성장한다는 것은 위니컷이나 코헛 같은 심리학자들이 꾸준히 역설해 온 바이기도 하다. 그런데 그들이 말하는 '성숙'은 기독교적 관점에서의 '성숙'과 다소 차이가 있다.

그들이 말하는 '성숙'은 요컨대 자신의 욕구를 완전히 충족시켜줄 만한 대상이 현실에 없다는 사실을 받아들이는 것이다. 그렇게 함으로써 스스로 자신을 추스르며 살아가는 힘을 기르는 것을 뜻한다. 반면 기독교에서 말하는 '성숙'은 자신들이 바라야 할 온전한 대상이 바로 하나님이라는 것을 깨닫고 이제껏 사람을 의지하는 태도를 거두어 하나님을 바라고 의지하는 데 강조점이 있다.

그러나 어느 쪽이든 공통점은 인간의 성숙을 위해 필요한 것이 적절한 공감일 뿐 아니라 적절한 좌절이기도 하다는 점이다. 우리는 그러한 경험을 통해 이제 더 이상 불완전한 현실의 부모나 다른 사람이 아니라 더 온전한 우리의 자기대상이신 하나님을 바라보게 된다. 어떤 심리학적 시각에서는 하나님이 인간이 붙잡으려는 유아적 환상에 지나지 않을지 모르지만, 기독교적 관점에서 하나님은 우리가 찾아야 할 진정한 부모의 이름이다.

그런데 현실에서 우리는 아직 그러한 하나님을 "거울로 보듯 어렴풋이"(고전 13:12) 볼 수밖에 없다. 이때 우리가 하나님을 비춰보는 '거울'은 성경 속 하나님같이 우리 밖의 대상이기도 하지만 우리 안에 떠오르는 이미지나 생각, 감정들이 될 수도 있다. 성경을 묵상하거나 기도하는 가운데 우리는 우리 안의 그러한 내적 이미지나 생각, 감정들을 성경의 하나님에게로 투영한다. 이러한 우리의 내적 이미지나 생각, 정서는 앤 율라노프의 표현을 빌자면 "야곱의 환상에서처럼 우리를 하나님과의 만남으로 이끄는 상승과 하강의 사닥다리"이다.[20]

---

20 Ulanov and Barry Ulanov, 『기도의 심리학』, 76.

이것은 우리가 하나님에게 투영하는 그러한 내적 이미지들이 단순히 우리 자신의 일방적 투영에 지나지 않는 것이 아니라 성령의 개입에 의해 하나님과 소통하는 매체가 된다는 의미이다.

그런데 여기서 우리가 기억할 것은 이렇게 우리가 하나님과의 관계 속으로 가져가는 우리의 내적

「야곱의 사닥다리」
렘브란트(Rembrandt) 作

이미지들이 원래 우리가 부모를 비롯한 중요한 타인들에 대해 가졌던 대상 이미지들이기도 하지만 또한 그 속에서 우리 자신에 대해 가진 자기 이미지들이기도 하다는 점이다. 우리는 하나님과의 관계 속에 우리 자신의 이미지와 함께 우리 자신의 내적 문제를 가져오게 되고 그것이 그 관계 속에서 다뤄지는 가운데서 우리는 하나님을 만날 뿐 아니라 또한 우리 자신을 새롭게 만나게 된다.

우리가 우리 자신에 대해 가진 이미지가 우리에게 중요한 타인들에 대해 가진 이미지와 서로 연결되어 있다는 점은 대상관계 이론 전반의 강조점이지만 특히 코헛의 자기

심리학이 우리에게 잘 설명해 주는 점이다. 코헛은 자기대상이란 개념을 통해 이 점을 우리에게 강조한다. 코헛에 의하면 우리에게 중요한 타인들은 우리의 자기대상 역할을 하는데, 이는 그들이 무엇보다 우리 자신의 모습을 비춰주는 거울 역할을 한다는 의미이다.

코헛이 말하는 자기대상에는 거울 자기대상 외에도 이상적 자기대상이나 쌍둥이 자기대상이 있다. 그러나 실상 이 모두는 그 속에서 내가 바라는 자기를 발견하는 거울이란 의미에서 공통적으로 거울 대상들이다.

예컨대 이 점은 우리가 하나님에게서 찾는 이상적 부모상 역시 마찬가지인데, 이 이상적 부모상 속에는 그 자녀로서 우리가 그리는 이상적 자기상(self-image)이 내포되어 있다. 따라서 우리가 현실에서 경험하지 못한 이상적 부모를 하나님에게서 찾는다는 것은 동시에 현실에서 찾지 못한 이상적 자기를 그 속에서 찾는다는 것을 의미한다.

5. 의존과 독립

한편 여기서 한 가지 제기될 수 있는 문제는 현실에서 찾지 못한 이상적 부모를 하나님에게서 찾는 사람들을 과연 '성숙하다'고 볼 수 있느냐는 문제이다. 그것은 오히려 유아적 의존 상태로 되돌아가려는 일종의 '퇴행'이 아니냐는 반론이 가능하다. 이러한 '심리학적 반론'에는 분명 일리가 있다. 그러나 이런 반론에 대해 우리가 내놓을 수 있는 대답은 먼저 '영적 성숙' 이전에 '심리적 성숙' 차원에서 보더라도 '성숙'은 늘 일견 '퇴행'처럼 보이는 일면을 동반한다는 점이다.

앞에서 이미 살펴본 아이들의 인형 놀이에서도 우리는 이 점을 확인할 수 있었다. 아이들이 그들의 인형을 '중간 대상'으로 삼는 것은 그 중간 대상을 통해 '엄마'[21]와의 융합의 환상을 이어 가려는 일종의 퇴행이라고도 볼 수 있다. 그렇지만 그것은 동시에 '엄마'와의 분리를 극복해가는 성숙의 과정이기도 하다. 앞에서 언급한 것처럼 우리가 아이들의 실제 인형 놀이를 잘 관찰해 보면 아이들의 인형은 그들의 부모를 대체하는 대상이라기보다 더 흔히 그들 자신

---

21 엄마를 작은 따옴표로 강조한 것은 이 '엄마'가 단지 현실의 엄마가 아니라 유아의 '이상적 대상'이라는 점을 다시 강조하기 위해서이다.

과 동일시하는 대상이라는 점을 발견할 수 있다. 이것은 이 인형 놀이에서 그들 자신이 동시에 부모 역할을 대신하면서 자신을 돌보고 있다는 의미이다.

예컨대 우리는 그 인형에게 "우리 아기가 졸리구나. 자 침대에 눕자. 엄마가 자장가를 불러 줄게"라고 자상하고 부드럽게 말하는 아이를 보게 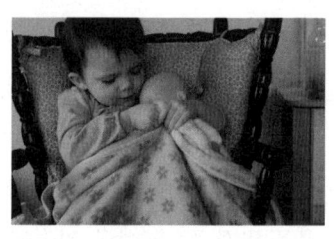 된다. 이때 아이는 그 자기대상을 통해 그 스스로를 달래며 보살피는 힘을 기르고 있는 것이다.

코헛은 바로 이 같은 힘의 내면화를 변형적 내면화라 불렀다. 코헛이 이것을 곧 성숙의 과정이라 본 이유는 이것이 어린아이인 자신을 돌보는 성숙한 부모 역할의 내면화이기 때문이다.

그런데 여기서 우리가 숙고해 볼 만한 것은 코헛이 했던 의미심장한 말, 즉 "의존(공생관계)에서 독립(자율성)으로 옮겨 가는 것은 사실상 불가능한 일"[22]이라는 말이다. 이 말은 사실 성인이라도 "우리 모두는 어느 정도 타고난 성도착

---

22 Kohut, 『정신분석은 어떻게 치료하는가?』, 86.

증"**23**이라고 한 프로이트의 말과 마찬가지로 '성숙'의 문제에 있어서 심리학이 가진 딜레마를 보여 주는 것이다. '성숙'과 '독립'은 곧 결핍과 상실에 직면하는 일이기 때문이다.

그런데 기독교 신앙은 사실 이러한 심리학의 역설에 대해 한 가지 대안을 제시한다. 그것은 곧 하나님이라는 온전한 자기대상에 의지함으로써 세상에 대한 의존으로부터 상대적으로 자유해지며 독립적으로 될 수 있다는 것이다. 기독교 신앙은 실제로 아이들의 인형 놀이에서와 마찬가지로 단순히 하나님이라는 대상을 유아적인 자신의 의존 대상으로 삼는 일이 아니다.

우리가 현실에서 우리의 초라하고 연약해 보이는 자신을 하나님에게로 가지고 나갈 때 우리 안에는 그런 자신을 안타깝게 바라보며 자상하고 부드럽게 안아 주고자 하는 마음이 함께 일어난다. 이렇게 우리 안에 일어나는 '자상하고 부드러운' 마음이야말로 바로 "성령으로 말미암아 우리 안에 부어지는 하나님의 사랑"**24**의 마음이 아닐 수 없다. 우리가 이렇게 우리 안에 일어나는 하나님의 사랑을 경험할 때 거기서 우리는 자신을 그 사랑을 받는 어린아이로만 아니라 그러한 사랑으로 그 자신을 사랑하는 성숙한 자기로

---

23 Freud, 『성욕에 관한 세 편의 에세이』, 283.
24 "소망이 우리를 부끄럽게 하지 아니함은 우리에게 주신 성령으로 말미암아 하나님의 사랑이 우리 마음에 부은 바 됨이니"(롬 5:5).

서도 경험한다.

인형 놀이하는 어린아이와 마찬가지로 하나님을 바라보는 신앙인은 소망과 현실 사이의 중간 영역에 놓여 있다. 즉 현실 너머를 바라보지만, 여전히 그 현실의 결핍 가운데 놓여 있는 것이다. 이 때문에 인형 놀이하는 아이에게처럼 신앙인에게 역시 중요한 것은 그처럼 자기를 위로하고 '홀로 설 수 있는' 성숙한 힘의 내면화이다.

이전의 프로이트에 비해 코헛에게서 달라진 중요한 한 가지는 바로 '자기'(self)의 개념이다. 원래 프로이트가 말한 '자아'(Ich)는 본능적인 '이드'(id)의 변형으로서 현실에서 그대로 관철시킬 수 없는 본능적 욕구를 현실수용 가능한 형태로 바꾸어 실현하는 정신기능을 지칭한다. 따라서 '자아'는 비록 그 본능적 욕구를 '승화'시키는 고차원적 방어기제이기는 하지만, 여전히 본질적으로 자기 본위이며 '이기적'(self-interested)인 주체라고 할 수 있다. 이에 반해 코헛의 '자기'(self)는 보다 관계적이며 관계 속에서 지속적으로 변화하고 성숙해가는 '나와 너'의 '나'이다.

우리는 일면 이처럼 확장적 자기의 개념을 앞선 융 심리학에서도 찾아볼 수 있지만, 코헛의 '자기'는 보다 인격적 관계 속에서 성숙해 가는 '인격적 자기'의 개념이라 할 수 있다. 우리는 이러한 자기 개념을 통해 하나님 안에서 자기 성숙을 보다 잘 설명할 수 있다.

"우리 영혼은 당신 안에 거하기까지 불안합니다"라는 아우구스티누스의 고백을 우리가 고전프로이트 심리학의 관점에서 보자면 그것은 단지 유아적이고 퇴행적인 의존 욕구의 표현이라 읽힐 수밖에 없다(융의 지적처럼 이러한 프로이트의 종교관은 사실상 종교의 한계가 아니라 프로이트 자신의 종교 이해의 한계를 드러내는 것이다).

그러나 동일한 고백을 우리가 코헛 자기심리학의 관점에서 바라보자면 우리는 프로이트와 좀 다른 해석을 얻을 수 있다. 즉 위의 고백을 하나님이라는 완전한 자기대상 안에서 찾은 진정한 자기만족의 고백으로 읽을 수 있다. 그런데 이렇게 기독교 신앙인이 하나님 안에서 찾은 '자기'는 코헛이 말한 것 같은 '웅대한 자기'(grandiose self), 하나님의 날개 아래 '보호받는 자기', '이상적 부모'인 하나님 안에서 '소속감을 얻은 자기'일 수도 있지만 단지 거기에만 그치지 않는다. 그가 하나님 안에서 찾은 자기는 또한 현실 속에서 연약하고 초라한 자신을 하나님의 마음으로 위로하고 일으켜 세우는 성숙한 자기이기도 하다. 코헛이 말하는 건강한 자기의 발달은 이처럼 성숙한 자기대상 기능을 자기 안에 내면화하는 과정을 포함하는 것이다.

이와 마찬가지로 건강한 신앙의 발달 역시 다만 하나님의 사랑을 받는 수동적 위치에 머무는 것이 아니라 현실 속에서 그러한 사랑이 느껴지지 않을지라도 그 속에서 적극적으로 자신을 붙들어 일으키는 자기 역량의 성숙을 포함한다.

예를 들어 이냐시오 로욜라가 그의 영적 순례에서 비단 하나님의 위로의 순간만 아니라 그러한 위로가 주어지지 않는 많은 '영적 고독'의 시간도 견뎌낼 수 있었던 이유가 바로 하나님 안에서 그가 그러한 자기의 힘을 얻었기 때문일 것이다. 다시 말해 그가 염원하던 그 '어머니'의 사랑보다 더 큰 사랑을 하나님 안에서 찾았기 때문일 것이다. 그뿐만 아니라 거기서 더 나아가 그 사랑 안에서 그 영혼의 어두운 밤을 통과할 수 있는 '성숙한 자기'의 힘을 얻었기 때문일 것이다.

6. 사랑과 성숙

코헛의 자기심리학에 이어 그리스도인의 성숙이라는 주제에 연결시켜 생각해 볼 만한 또 하나의 중요한 심리학 이론은 에릭슨의 심리·사회발달 이론(psycho-social development theory)이다. 에릭슨의 발달 이론은 그제까지 여러 정신역동 이론을 종합했을 뿐 아니라 그러한 정신역동 이론의 한계를 뛰어넘었다고 평가할 만한 부분들을 내포하고 있다.

그중 한 가지가 바로 성인기 이후의 심리적 성숙에 대한 설명이다. 이전의 정신역동 이론이나 대상관계 이론에서

'성숙'은 대개 부모에 대한 의존에서 벗어나 홀로 서는 것을 의미했다. 즉 부모를 비롯한 타인으로부터 분화되어 독립적 '자기 정체성'을 수립하는 것을 '성숙'이라 보았다. 에릭슨 역시 이러한 '자기 정체성' 수립을 '성인'이 되기까지 핵심발달과제로 보았다. 그러나 그가 말하는 성숙은 비단 그렇게 자기를 세우는 데 그치지 않고 그렇게 세운 '자기'를 다시 내려놓는 데 그 특징이 있다.

『유년기와 사회』(*Childhood and Society*, 1950)에서 에릭슨은 성인 초기의 '친밀감 형성'에 대해 말하기를 "상당한 희생과 포기가 따를지라도 귀속과 협력 관계를 굳건히 하고 그러한 관계를 지탱하는 힘을 발달시키기 위해 개인이 헌신할 수 있는 능력"이라 했다. 다시 말해 성인 초기의 성숙이 '자아 상실'(ego loss)의 위험조차 무릅쓰는 관계 형성의 능력이라 본 것이다.[25]

이처럼 자기를 잃어버릴 위험조차 무릅쓰는 능력은 비단 성인 초기만 아니라 성인 중기와 후기의 '성숙'을 계속해서 특징짓는 요소가 된다. 성인들은 초기에는 친구 간이나 남녀 간의 친밀감 형성을 위해, 중기 이후에는 자녀와 후세의 양육을 위해 자기를 잃어버리는 위험을 감수한다. 에릭슨

---

[25] Erikson, 『유년기와 사회』(*Childhood and Society*), 송제훈 역 (서울: 연암서가, 2014), 322.

이 말하는 성인의 '생산성'(generativity)이란 이렇게 자기를 잃으면서까지 관심을 자기 밖으로 돌리고 타인들을 위해 헌신하는 자세를 의미한다.[26] 그러나 이렇게 해서 이루어지는 성인의 성숙은 더 정확히 말해 단순히 자기를 잃어버리는 것이 아니라 그렇게까지 자기를 '헌신'(commitment)하는 삶을 통해 도리어 계속해서 자기를 새롭게 발견하는 데 그 본질이 있다.

우리가 에릭슨의 심리발달 이론을 코헛의 자기심리학과 연결시켜 보면 에릭슨이 말한 그 '사랑'과 '돌봄'이 결국 코헛이 말한 변형적 내면화의 역량을 외부에까지 확장시키는 과정이라 볼 수 있다. 즉 스스로 연약한 자기를 붙들고 일으킬 힘을 이제 외부로 돌려 자신처럼 연약한 타인들을 자신처럼 돌보고 일으키는 데로까지 확장시키는 과정이라는 의미이다. 요컨대 '성숙'은 내면화한 자기 돌봄의 힘을 타인을 위한 삶으로까지 확장시키는 일이다. 여기서 우리는 이러

에릭 에릭슨(1902-1994)

---

26 Erikson, 『유년기와 사회』, 327.

한 에릭슨의 성숙 개념이 기독교에서 말하는 '성숙'의 의미에 매우 근접한 것을 발견하게 된다.

사실상 에릭슨이 이야기하는 심리사회적 성숙은 기독교에서 말하는 '성숙'과 동일한 세 가지 핵심요소를 내포하고 있다. 바로 '믿음', '소망', '사랑'이 그것이다. 에릭슨에 의하면 생후 1년 차의 영아가 획득해야 할 가장 중요한 내적 역량이 바로 세상—또는 자신—에 대한 기본적 신뢰(basic trust)이다. 성인기 이후에 발휘되어야 할 핵심적인 내적 역량은 바로 사랑(love or care)이다.

에릭슨이 인생 말기의 위기를 절망(despair)이라 본 것은 그것을 넘어서기 위해 지녀야 할 내적 역량이 역시 소망이라는 것을 의미한다. 그의 점성적(漸成的, epigenetic) 발달 이론에 의할 때[27] 에릭슨이 이렇게 강조한 '믿음'과 '소망'과 '사랑'은 비단 특정 단계에서만 아니라 실상 그의 모든 발달 단계에서 중심적 의미를 지니는 것이라 할 수 있다.

우리는 이 점을 에릭슨의 심리발달 과정 마지막 단계의 과제가 다시 최초단계의 핵심과제로 되돌아간다는 사실에서도 확인할 수 있다. 즉 마지막 단계의 과제가 최초 단계

---

[27] 에릭슨의 '점층 형성'(epigenesis) 개념이 함의하는 바는 곧 특정 시기, 특정 기능의 발달이 그 시기에 국한되지 않고 이후에도 계속 진행되어, 이후 발달하는 기능들의 기초를 이루며 이전 단계의 요인들과 상호 작용한다는 것이다. Erikson, 『유년기와 사회』, 82.

의 과제인 '믿음'과 '소망'으로 다시 돌아간 것이다. 그리고 이 처음과 마지막을 관통하는 '믿음'과 '소망'은 모두 '사랑'이란 중심주제와 불가분의 관계에 있다.

에릭슨은 그의 말년에 그의 심리사회 발달 과정에 또 하나의 최종 단계를 덧붙이는데, 그는 이 최종 단계에서의 성숙한 내적 역량을 '신앙'(faith)이라 지칭했다.[28] 이것은 곧 그가 말년에 이르러 인간의 성숙이 궁극적으로 기독교 등 종교의 지향성(*telos*)과 맞닿아 있음을 인정한 것이라 볼 수 있다. 다시 말해 인간의 성숙이 현상 너머의 초월적 세계와 어떤 식으로든 연결되지 않고는 결국 완성될 수 없는 것이라는 점을 인정한 것이다.

그러고 보면 에릭슨은 생애 초기부터 인간의 성숙이 거룩한 대상과의 관계 속에서 시작된다고 이야기했다.[29] 비록 그가 그 거룩한 대상이란 말로 하나님처럼 구체적인 종교적 대상을 지칭한 것은 아니라 하더라도 우리는 그것을 이렇게 기독교적 관점에서 재해석해 볼 수 있다. 이렇게 본다면 우리는 결국 인간의 내적 성숙이 신앙적 성숙과 서로 맞물려 있다는 결론에 이르게 된다.

---

[28] Erikson, *Life Cycle Completed* (New York: W. W. Norton, 1998), 62.
[29] Erikson, *Toys and Reasons*, 89.

영아기부터 인간은 초월적 대상이신 하나님과의 관계 속에서 건강한 하나의 인격체로 발달해 간다. 어린 시절에는 그 초월적 대상을 내면의 이상적 부모상으로 품는다면, 자라가면서 그 대상을 자기의 인격 속에 내면화시켜 하나님 닮은 내적 성품으로 발달시켜 간다.

이제 이렇게 성숙한 사람들은 타인을 섬기는 삶을 통해 타인과의 관계 속에서 그러한 하나님의 성품을 드러내는 사람이 된다. 이런 사람들은 죽기까지 하나님과 자신의 간격을 인식하고 자신의 불완전함을 고백하겠지만 우리가 보기에 이런 사람들은 그처럼 자신의 불완전함을 고백하는 바로 그 자리에서 도리어 그리스도의 형상으로 나타난다. 우리는 바로 이와 같은 '그리스도의 형상'을 다음과 같이 갈라디아서에서 고백하는 사도 바울에게서도 발견할 수 있다.

> 내가 그리스도와 함께 십자가에 못 박혔나니 그런즉 이제는 내가 사는 것이 아니요 오직 내 안에 그리스도께서 사시는 것이라 이제 내가 육체 가운데 사는 것은 나를 사랑하사 나를 위하여 자기 자신을 버리신 하나님의 아들을 믿는 믿음 안에서 사는 것이라(갈 2:20).

사도 바울이 고백하는바 "나를 사랑하사 나를 위해 자신을 버리신 하나님의 아들을 믿는" 믿음은 단지 그렇게 그 아들을 바라보는 믿음에 그치지 않고 자신을 위해 자기 몸을 내어 주신 그 아들의 형상을 따라 성도들을 위해 그 자신을 아끼지 않는 자기 헌신으로 구현되는 믿음이다. 즉 그것은 그리스도를 향한 사랑뿐 아니라 성도를 위한 사랑으로 구현되는 믿음이다.

또한, 이러한 그의 믿음은 심지어 죽음 앞에서도 "내게 사는 것이 그리스도니 죽는 것이 유익함이라"(빌 1:21)라고 고백하는 믿음이기도 하다. 이러한 바울의 고백은 역시 그의 '믿음'과 '소망'이 그리스도를 향한 그의 '사랑'과 깊이 연결되어 있음을 보여 준다.

7. 거룩과 성숙의 방정식

본 장에서 마지막으로 우리가 함께 생각해 보려는 것은 본 장의 제목이기도 한 '거룩'과 '성숙'의 상관관계이다. 위의 사도 바울의 사례를 통해서도 우리는 한 사람이 다른 사람들과의 관계 속에서 하나님의 형상을 이루어 가는 일, 즉 영적으로 성숙해 가는 일이 그 사람 자신의 내적 성숙과 서로 긴밀히 맞물려 있다는 점을 알 수 있었다.

그러나 여기서 우리는 이것이 '거룩'과 '성숙'의 두 범주가 서로 완전히 일치함을 의미하는 것이 아니라는 데 유의

해야 한다. 성경은 때로 '거룩함'에 오히려 더 가까운 것이 성숙한 성인이 아니라 아직 어린아이들이라고 말한다. 예컨대 예수께서는 그의 제자들에게 "너희가 돌이켜 어린 아이들과 같이 되지 아니하면 결단코 천국에 들어가지 못하리라"(마 18:3) 말씀하셨다. 신약에는 이외에도 여러 곳에서 이와 유사한 말씀들이 발견되는데,[30] 이런 말씀들은 예컨대 다음과 같은 사도 바울의 말과 대조를 이룬다.

> 내가 어렸을 때에는 말하는 것이 어린 아이와 같고 깨닫는 것이 어린 아이와 같고 생각하는 것이 어린 아이와 같다가 장성한 사람이 되어서는 어린 아이의 일을 버렸노라 (고전 13:11).

결국 성경은 서로 구별되어야 하는 두 가지 '어린아이 같음'에 대해 이야기하는 것이다.

우리가 이렇게 서로 다른 두 가지 '어린아이 같음' 사이의 방정식을 풀기 위해서 먼저 기억해야 할 것은 기독교적 의미의 '거룩'이 원래 인간의 속성이 아니라 하나님의 속성이라는 사실이다. 즉 거룩함은 원래 인간의 품성이 아니라

---

[30] 예컨대 "예수께서 이르시되 어린 아이들을 용납하고 내게 오는 것을 금하지 말라 천국이 이런 사람의 것이니라"(마 19:14).

우리가 하나님 안에서 경험할 수 있는 하나님의 고유한 품성이다. 우리가 이렇게 '거룩함'을 우리의 품성이 아니라 하나님과의 관계 속에서 경험할 수 있는 하나님의 품성이라고 본다면 그것의 경험은 우리에게 어떤 발달 단계에서든 가능한 일이라는 것을 알 수 있다. 이것은 마치 어린아이나 성인이나 모두 그 부모와의 관계 속에서 부모의 성품을 경험할 수 있는 것과 마찬가지이다.

물론 어린 자녀와 성인 자녀가 경험하는 부모는 서로 다를 수 있다. 이처럼 하나님의 성품 역시 우리의 성숙 단계에 따라 달리 경험될 수 있을 것이다. 또한, 같은 단계에서라도 우리가 하나님과 어떠한 관계를 맺고 있느냐에 따라 다르게 경험될 수 있을 것이다.

아마도 이와 비슷한 의미에서 영성 심리학자 대니얼 헬미니액(Daniel Helminiak)은 거룩함이 "어떤 영적 발달 단계에서도 경험될 수 있는 것이며 … 사람의 영적 성숙이 완전하지 않을지라도 그러한 거룩함을 경험할 수 있다"라고 말한 것이라 생각된다.[31]

여기서 헬미니액이 말하는 거룩함(holiness)은 신앙인이 경험하는 하나님과의 친밀함 내지 하나님과의 풍성한 관계

---

[31] Daniel A. Helminiak, *Spiritual Development: An Interdisciplinary Study* (Chicago, IL: Loyola University Press, 1987), 209.

를 의미하는 말이다. 그런데 헬미니액은 "거룩함이란 바로 인간적 진정성(human authenticity)"[32]이라고 말함으로써 거룩함을 인간의 내면적 특성인 것처럼 정의하기도 한다. 이때 헬미니액이 말한 '인간적 진정성'은 위니컷의 개념으로 보자면 곧 하나님 앞에서 방어적이거나 거짓되지 않고 '진정한 자기'(the true self)로서 관계 맺는 모습이라 이해할 수 있다. 이렇게 자신을 속이지 않고 진정한 자기로서 하나님을 만날 때 우리는 어린아이가 그 부모와 맺는 관계에서처럼 하나님의 친밀하심을 보다 생생히 경험할 수 있는 것이다.

그런데 이러한 관계의 질(質)은 확실히 우리가 얼마나 영적으로 성숙한가와는 다른 문제이다. 영적 성숙이 얼마나 내적으로 하나님의 성품을 닮아 가느냐의 문제라면 이 거룩함은 얼마나 지금 하나님과 친밀하고 풍성한 관계를 경험하고 있느냐의 문제라고 할 수 있다.

우리는 이 둘 중 어느 하나만 중요하다고 말할 수 없다. 둘 중 하나만으로는 결국 온전한 기독교적 영성에 이를 수 없을 것이기 때문이다. 그 두 가지는 결국 서로 나누어질 수 없는 기독교 신앙의 두 측면이라고 말할 수 있다. 하나님과의 친밀한 관계를 떠나서 우리가 하나님을 닮아 가기 어렵고, 하나님을 닮아 가는 성숙함 없이 하나님과의 친밀

---

32 Helminiak, *Spiritual Development*, 151.

감만을 추구하는 신앙은 유아적 단계에 머물려는 신앙이 될 수 있기 때문이다. 요컨대 온전한 영적 성숙은 온전한 자기대상이신 하나님과의 친밀한 관계 속에서 보다 온전한 하나님의 형상으로 날마다 변화되어 가는 과정이라 정리할 수 있다.

제7장

결론: 심리학, 뒤집어 놓은 영성학

1. 영성과 심리 치료

이 책을 마무리하는 본 장에서 우리가 함께 생각해 보려는 것은 최근 관심을 모으고 있는 영성과 심리 치료의 관계에 대해서이다. 그런데 이러한 논의에 들어가기 앞서 먼저 분명히 할 필요가 있는 것은 여기서 사용하는 '영성'(spirituality)이란 용어의 의미이다. 왜냐하면, 오늘날 이 영성이란 말은 한마디로 규정할 수 없는 매우 다양한 의미로 사용되고 있는 말이기 때문이다.

팸 맥캐롤(Pam McCarroll) 등의 조사에 따르면 오늘날 영성이란 주제를 다룬 수많은 문헌 가운데 영성의 의미에 대한 합의를 찾아보기란 거의 불가능한 상황이다.[1] 현대 영성

---

1 Pam McCarroll, Thomas O'Connor, and Elizabeth Meakes, "Assessing plurality in Spirituality Definitions", in A. Meier et al eds., *Spirituality and Health: Multidisciplinary Explorations* (Waterloo: Wilfrid Laurier Univ. Press, 2005), 48.

학의 역사를 살펴보면 이 같은 혼란이 야기된 원인이 무엇인지 그리 어렵지 않게 발견할 수 있다.

그 원인은 바로 영성에 대한 정의가 기독교적 맥락을 벗어나서 인간 자신의 내적 경험의 차원에서 이루어지고 있기 때문이다. 영성이 인간을 넘어선 초월적 대상의 경험이라 할 때 그것이 어떤 대상의 경험인지 말해 주는 성경적 근거를 무시한 채 그것의 본질을 단지 인간적 경험 안에서만 찾으려는 시도는 결국 한계에 부딪힐 수밖에 없는 시도라고 여겨진다.

이러한 '영성학'을 다른 말로 '신학'이라 부른다면 이러한 신학은 바르트의 지적처럼 인간 자신의 속성을 초월자에게 투영하는 소위 '인간학적 신학'(anthropo-theology)[2]의 한계를 벗어나기 어렵다. 저자는 그래서 이 책에서 이야기하는 영성이 기독교적인 의미의 영성, 즉 성경이 계시하는 하나님과의 관계에서 이루어지는 내적 경험이나 변화를 지칭하는 말임을 먼저 분명히 하려 한다. 이것은 다시 말해 인간 심리가 주로 인간 상호관계에서 이루어지는 내적 경험이나 변화를 지칭하는 말이라면, 영성은 그 하나님과의

---

[2] 이것은 원래 독일 자유주의 신학에 대해 포이어바흐가 했던 비판인데, 바르트는 이를 인용해 그와 동시대의 기독교 신학을 비판했다. Barth, "Ludwig Feuerbach", 251. 오늘날 심리학의 영역에서 바로 이 같은 인간학적 신학의 혐의를 내포한 것이 융 심리학이나 자아초월 심리학(transpersonal psychology)이라고 여겨진다.

관계에서 일어나는 인간의 내적 경험과 변화를 지칭하는 말이라는 의미이다.

우리가 바로 이 같은 기독교적 의미에서의 '영성'과 심리 치료의 상호관계로 범위를 국한시켜 보자면 이제까지 이러한 양자의 관계에 대한 논의가 대체로 다음의 두 방향으로 이루어져 온 것을 알 수 있다. 그것은 곧 양자의 구별을 강조하는 '분리론'과 양자의 상호 관련성을 강조하는 '상호 관련론'이다. 먼저 전자의 예로 들 수 있는 것이 미국의 영성 지도자 제럴드 메이(Gerald May)의 『영성 지도와 상담』(*Care of Mind, Care of Spirit*, 1982)이다. 이 책은 제목이 시사하는 바와 같이 영성 지도와 심리 치료를 비교하면서 양자의 공통점보다는 차이점을 주로 강조하는 책이다.

저자에 따르면 심리 치료는 내담자들의 심리 문제를 해결하는 데 주력하는 반면, 영성 지도는 피지도자들이 "그들의 상황 속에 나타난 하나님의 은혜와 사랑을 발견하도록"[3] 돕기 위해 노력한다. 즉 피지도자들의 하나님과의 관계가 깊어지도록 돕는 데 집중한다는 것이다. 메이 역시 개인의 심리적 건강이 하나님과의 관계 형성과 심화에 긍정적 기초로 작용할 수 있다는 점을 부인하지 않는다. 그러나 심리

---

[3] Gerald May, 『영성 지도와 상담』(*Care of Mind Care of Spirit*), 노종문 역 (서울: IVP, 2006), 85.

치료에서 목표로 하는 것 같은 '자아의 강화'가 반드시 영적 성장에 필수적이냐는 물음에는 역시 회의적이다. 그가 보기에 이처럼 자아에 집중하는 태도는 궁극적으로 자기를 내려놓고 하나님과의 일치를 추구하는 기독교 영성에는 근본적으로 부합하지 않는 것이기 때문이다.[4]

그러나 일부 영성 지도자들이나 기독교 상담자들은 심리치료가 기독교 영성과 상호보완적으로 될 수 있다고 주장한다. 일례로 들 수 있는 것이 바로 한국의 기독교 상담가들인 이만홍과 황지연의 주장이다.

이만홍과 황지연은 현대 심리학이 발견한 사람들 내면의 무의식적 갈망, 즉 한평생 무의식적으로 이상화한 부모를 찾아 헤맴은 그들의 심리적 현실만 아니라 그들의 영적 현실을 보여 주는 사실이라 이야기한다.[5] "기독교적 관점에서 볼 때 인간은 모두가 하나님의 잃어버린 자들"[6]이며, 그러한 그들의 무의식적 추구는 바로 그런 그들의 '잃어버린 부모'를 찾는 모색이라 볼 수 있기 때문이다.

그래서 이만홍과 황지연이 생각하는 기독교 상담의 궁극적 역할은 "인간 대상을 향해 사랑과 인정을 끝없이 갈망하던 내담자가 마침내 눈을 돌려 하나님을 바라보도록 도와

---

4 May, 『영성 지도와 상담』, 98.
5 이만홍·황지연, 『역동심리 치료와 영적 탐구』, 244.
6 이만홍·황지연, 『역동심리 치료와 영적 탐구』, 244.

주는 것"⁷이다. 이를 위해 기독교 상담자가 할 일은 그들로 하여금 그러한 자신의 무의식적 욕구를 직면하도록 하며, 이러한 과정을 통해 그들이 그런 자신의 욕구가 결국 다른 인간 대상을 통해서는 충족될 수 없다는 사실을 깨닫고 대신 살아계신 하나님을 바라볼 수 있도록 돕는 일이다.

이만홍과 황지연에 따르면 이를 위한 심리 치료자의 역할은 그들 내면의 영적 성숙을 가로막는 자갈돌과 가시덤불을 제거하는 일이라 할 수 있다.⁸ 다시 말해 심리 치료는 바로 그들의 영적 텃밭을 고르는 작업이라는 의미이다.

2. 자기 사랑과 하나님 사랑

그러면 과연 심리 치료는 이만홍과 황지연이 주장하는 것처럼 내담자들의 영적 성장의 걸림돌을 제거하는 일인가, 아니면 메이가 염려하는 것처럼 오히려 그런 걸림돌이 되는 자아를 강화하는 일인가?

이 물음의 답은 구체적으로 그 심리 치료가 내담자로 하여금 강화하게 만드는 그 '자아'가 어떤 종류의 자아이냐에

---

7 이만홍·황지연, 『역동심리 치료와 영적 탐구』, 244.
8 이만홍·황지연, 『역동심리 치료와 영적 탐구』, 256.

따라 달라질 것이다. 즉 그 심리 치료를 통해 강화되는 것이 단지 그들의 자기중심적이고 자기애(自己愛)적인 자아인지 아니면 다른 무엇보다 하나님을 찾고 알고자 하는 영성적 자아인지에 따라 달라질 것이다.

그런데 우리가 이 지점에서 먼저 생각해 보아야 할 것은 과연 사람들의 자기 사랑이 반드시 그들의 하나님 사랑에 배치되는 것인가 하는 물음이다. 이 물음에 대한 답 역시 우리가 어떤 심리학적 관점에서 그 자기 사랑을 이해하느냐에 따라 달라진다.

먼저 우리가 프로이트 심리학적 관점에서 '자기 사랑'을 이해하자면 그것은 확실히 기독교에서 말하는 '자기부인'이나 하나님 사랑과는 잘 부합하지 않는 것이라 할 수 있

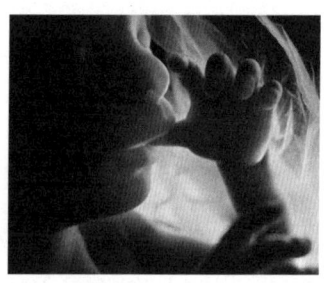

손가락을 빠는 태아

다. 프로이트 심리학에서 자기 사랑은 영아기의 자기성애(autoerotism)에서 그 원초적 형태를 찾을 수 있다. 이 자기성애는 어떤 다른 대상보다 자기 신체의 일부를 먼저 본능적 성욕의 대상으로 삼는 행위를 지칭한다. 프로이트에 의하면 엄마의 젖가슴 같은 외부 대상의 추구는 이러한 유아의 자기성애가 다른 대상에까지 전이되어 나타나는 현상이다.

자기성애가 이처럼 다른 대상 사랑에 우선한다고 하는 시각, 또는 다른 대상 사랑이 자기성애의 연장일 뿐이라고 하는 이런 프로이트적 시각에 따르면 인간이 그런 자기 중심성을 내려놓고 하나님을 사랑한다는 것은 실로 생각하기 어려운 가능성이다. 만일 그럼에도 실제로—예컨대 종교적 현상에서와같이—그 같은 현상이 나타난다면 그것은 곧 그것이 어떤 큰 착각이나 환상에 기인한 행동임을 시사하는 것이다.

이런 관점에서 종교는 일종의 퇴행적 환상이며, 치료되어야 할 병리적 현상이라고까지 간주될 수 있다. 결국 이런 관점에 기초한 심리 치료는 기독교적 영성 추구와 근본적으로 조화되기 어려울 것이다.

한편 대상관계 심리학 이후 심리학은 자기 사랑에 대해 위의 프로이트 심리학과 자못 다른 관점을 취한다. 예컨대 코헛의 자기심리학에 따르면 자기애는 그 자체로 퇴행적이거나 병리적이지 않으며 도리어 성숙한 인격에 수반되는 특징이 될 수 있다.[9] 코헛이 말하는 것 같은 이러한 성숙한 자기애(mature narcissism)는 프로이트가 말한 자기성애와는 이미 상당한 거리가 있다. 즉 단순한 본능적 쾌락의 추구가

9　Allen Siegel, 『하인즈 코헛과 자기심리학』(*Heinz Kohut and the Psychology of the Self*), 권명수 역 (서울: 한국심리치료연구소, 2002), 102-103.

아니라 그러한 생물학적 차원을 넘어서는 인간의 자기실현 내지 초월의 욕구를 내포한 것이다.

여기서 다시 질문은 이 같은 성숙한 자기애가 기독교적 영성 추구와 조화될 수 있냐는 것이다. 답은 그러하다는 것이다. 그 이유는 바로 기독교의 하나님이야말로 그러한 자기애가 갈망하는 가장 이상적인 자기대상, 즉 이상적 부모상일 수 있기 때문이다.

코헛에 따르면 인간은 이러한 이상적 자기대상과의 관계 속에서 진정한 자기애적 만족을 경험한다. 즉 그러한 자기대상 안에서 진정한 자존감과 안정감, 소속감을 누릴 수 있다. 이 같은 자존(自尊)이나 안정, 소속의 욕구로서의 자기애가 기독교적 영성과 조화될 수 있는 이유는 아우구스티누스가 고백한 것처럼 우리가 하나님 안에서 비로소 그런 모든 욕구의 만족을 함의하는 '평안'을 얻을 수 있기 때문이다.

이만홍과 황지연이 주장하는 기독교 상담은 그러므로 이제까지 인간 대상을 바라보며 좌절하던 내담자들이 이제 그들의 눈을 들어 그들에게 이처럼 온전한 만족을 주시는 하나님을 향할 수 있도록 돕는 일이라 할 수 있다. 그런데 여기서 우리가 한번 생각해 볼 만한 문제는 과연 그러면 그 내담자들의 부모나 현재 상담자 같은 인간 대상들은 모두 그들에게 결국 '좌절'이나 '결핍감'을 안겨 줄 수밖에 없는 대상들인가 하는 물음이다.

우리가 이런 물음을 던져 볼 필요가 있는 이유는 만일 그렇다면 주로 인간관계의 문제 해결에 천착하는 심리학이나 심리 치료의 실효성이 다시 의문에 붙여질 수 있기 때문이다. 즉 그런 심리 치료로의 우회를 생략하고 바로 사람들이 하나님에게로 향하도록 돕는 것이 도리어 더 치료의 지름길이 아니겠느냐는 반론이 설득력을 얻을 수 있기 때문이다.

3. 관계적 유비(*analogia relationis*)

부모나 상담자 같은 다른 인간 대상과의 관계가 결국 모두 좌절이나 결핍으로 경험될 수밖에 없냐는 물음은 대상관계 이론이 말하는 대상 추구나 자기애적 추구가 일종의 헛된 우상 숭배에 지나지 않는 것이냐는 물음과 연결된다. 우리는 이 같은 물음에 답하기 위해 현대 심리학뿐 아니라 현대 기독교신학을 참조할 필요가 있는데, 특히 여기서 참조하고자 하는 것은 바르트의 기독론적 인간론(Christological anthropology)이다.

바르트에 의하면 하나님과 인간 사이의 상호관계는 인간 상호 간의 관계와 서로 유비적인 형식(analogical form)을 가지고 있다.[10] 이것은 바로 하나님이 인간을 자신의 형상에 따라 창조하신 데 말미암는다. 그런데 바르트에 따르면 이러한 하나님의 형상(*imago Dei*)은 우리 인간이 가진 어떤 내적 속성이라기보다 우리 인간이 상호 간에 경험하는 '사랑의 관계' 속에서 발견되는 것이다. 즉 그리스도께서 우리를 위해 자신을 내어 주신 것 같이 우리가 서로 거기 상응하는 사랑으로 사랑할 때 그러한 우리의 사랑의 관계 속에서 드러나는 것이 바로 하나님 형상이라는 것이다.

그러나 이러한 하나님 형상이 모든 인간관계 속에서 항상 확인되는 것은 아니다. 이것은 바로 인간의 타락한 실존을 보여 주는 일이라 할 수 있다. 실상 이 땅에서 그러한 '하나님 형상'의 가장 뚜렷한 형태는 바로 우리 가운데 인간으로 오신 예수 그리스도의 사랑에서 찾아볼 수 있다. 이런 의미에서 예수 그리스도의 사랑이야말로 우리에게 가장 분명히 나타난 하나님의 형상이다. 하나님은 그러한 그리스도의 사랑을 통해 우리 가운데 당신의 모습을 나타내실 뿐 아니라 우리에게 상실된 하나님의 형상을 회복시키신다.

영성과 심리 치료의 관계를 살펴보는 본 장의 맥락에서 이러한 바르트의 기독론적 인간론이 시사하는 바는 곧 인간의 다른 대상을 향한 사랑이 하나님 사랑과 상호 배타적이라기

---

10 Barth, 『교회교의학』 III/2, 257-258.

보다는 서로 '유비적 관련성'(analogical relationship)이 있다는 점이다. 이것은 다시 말해 자기심리학에서 말하는 것 같은 자기대상의 추구가 단순히 우상 숭배적이기보다 인간이 하나님에게서 찾는 것을 또한 다른 관계 속에서도 확장적으로 추구하는 양상이라고 할 수 있다.

하나님은 우리에게 우리가 하나님을 만났으므로 다른 인간관계 속에서 사랑을 추구하는 것이 모두 헛된 일이라고 말씀하지 않으신다. 오히려 그리스도의 본을 따라 우리가 서로 사랑할 때 그 사랑의 관계 속에서 우리가 우리의 참자기(the true self)를 찾을 뿐 아니라 또 더불어 참하나님을 알아 갈 수 있다고 말씀하신다.

물론 인간 상호 간의 사랑은 심지어 부모와 자녀 간의 사랑이라 할지라도 하나님 사랑에 미치지 못하는 불완전한 것이 사실이다. 그렇기 때문에 부모 자녀 관계를 비롯한 인간 상호관계는 종종 우리가 하나님을 알아 가는 데 도리어 걸림돌로 작용하기도 한다. 이를테면 완고한 아버지와의 관계는 하나님을 그처럼 완고하고 독선적인 이미지로 채색해버릴 수 있다. 그러나 이것은 하나님에 대한 이해가 그러한 부모의 이미지로부터 분리되어야 한다는 것을 의미하기 전에 그 두 가지가 서로 깊이 맞물려 있다는 점을 말해 주는 것이다.

그렇기 때문에 우리가 사람들을 진정한 하나님과의 관계로 인도하기 위해서는 그러한 인간관계의 문제를 무시하기보다는 오히려 그처럼 얽힌 관계의 매듭을 푸는 일이 필요하다. 바로 이런 의미에서 우리는 심리 치료가 영성 지도와 연결될 필요가 있다고 말할 수 있다.

4. 영적 매개로서의 인간관계

인간 상호관계와 하나님과의 관계가 서로 연결되어 있다는 사실은 인간 상호관계에서 나타난 자기가 하나님과의 관계에서도 그대로 나타난다는 사실에서 확인할 수 있다. 이것은 대상관계 이론이 강조하듯 자기상은 늘 대상의 경험과 맞물려 있기 때문이다. 그래서 부모를 비롯한 다른 대상과의 관계 속에서 형성된 자기는 하나님과의 관계에서도 비슷한 방식으로 하나님과 관계 맺게 된다.

예컨대 부모와 관계에서 불안해하고 회피적인 모습을 보이던 자기는 하나님과의 관계에서도 그처럼 하나님을 깊이 신뢰하지 못하고 불안해하는 양상을 나타낸다. 이것이 의미하는 바는 삶에서 그러한 불안과 회피를 치유하는 회복적 관계의 경험이—직접적이 아니라면 적어도 간접적으로—그러한 하나님과의 관계를 변화시키는 중요한 매개로 작용할 수 있다는 것이다. 즉 자신의 연약함을 용납하고 자신을 있는 그대로 받아 주는 자기대상의 경험이 개인의 '자기상'을 변화시키는 동시에 하나님상을 변화시키는 계기로 작용할 수 있다는 것이다. 혹은 변함없이 친밀한 신뢰 관계의 경험이 하나님에 대한 신뢰를 증진시키는 매개 역할을 할 수도 있을 것이다.

요컨대 이것은 인간 상호 간의 관계가 하나님과의 관계의 걸림돌로 작용할 수 있듯이 역으로 하나님과의 관계를 푸는 열쇠로도 작용할 수 있다는 의미이다.

물론 거듭 강조하지만, 부모와의 관계나 심리 치료자와의 관계, 혹은 신앙공동체의 관계조차도 그리스도의 사랑 같은 완전한 사랑이나 신뢰를 이루지 못하는 경우가 대부분이다. 그러나 이러한 사실 때문에 그러한 인간관계의 경험이 하나님과의 관계를 증진시키는 매개로 작용할 수 있다는 점이 바로 부정되어서는 안 될 것이다. 왜냐하면, 부모는 하나님을 닮은 그들의 모습을 통해서만 아니라 부모로서 그들이 불완전하고 실패한 모습인 바로 그 자리에서 그 자녀로 하여금 하나님을 향하게 할 수 있기 때문이다.

이때 자녀는 더 이상 부모를 의지하기보다 홀로 서는 법을 배우게 된다. 이때 자녀는 그 부모가 자신의 한계 속에서 바라보는 그 하나님을 역시 자신의 하나님으로 바라볼 수 있다. 아기 인형을 돌보는 어린아이들에게서 볼 수 있는 것처럼 자기와 자기대상은 일치적/상보적으로 동일시되며 양자 사이에 지속적인 교체가 일어난다. 그래서 그 자녀가 부모와의 관계 속에서 줄곧 자신을 그 부모와 동일시하는 것처럼 그 부모가 '이상적 대상'으로 바라보는 하나님 역시 그들 자신의 하나님으로 동일시될 수 있다.

이런 과정을 통해 자녀는 그 부모의 모습을 자기의 일부로 내면화하듯 그 부모가 바라보는 하나님 역시 그들 자신의 하나님으로 내면화한다. 이것이 바로 심리학적 관점에서 설명할 수 있는 '영적 변화'의 과정이다.

에드워드 P. 샤프란스케(Edward P. Shafranske)는 부모와의 관계가 자녀에게 특정한 하나님상을 형성한다는 데 기본적으로 동의하면서도 그러한 이론에 대해 일말의 아쉬움을 표한다. 그에 의하면 실제로 부모와의 관계에서 자녀 안에 형성되는 것은 단순히 내적인 하나님상만이 아니라 모종의 관계적 형식(relational matrix)이다.[11]

이 말의 의미는 단순히 부모의 이미지만이 하나님 이미지로 전이되는 것이 아니라 부모와 사이에서 경험한 불안이나 죄책감, 평안이나 친밀감 등 관계적 역동들이 그대로 그 자녀의 하나님과의 관계에 전이될 수 있다는 의미이다.

---

[11] Edward P. Shafranske, "object", in Mark Finn and John Gartner eds., *Object Relations Theory and Religion* (Westport, CO: Praeger, 1992), 65.

다시 말해 이것은 첫째 부모와 자녀 사이의 친밀하고 원만한 관계가 하나님과 그 자녀의 관계에서도 비슷한 모양으로 전이되어 이어질 수 있다는 것을 의미한다. 그뿐만 아니라 이것은 그 자녀가 부모를 자기 동일시하는 과정을 통해 그 부모가 가진 하나님에 대한 신뢰나 친밀감 역시 전이되어 그 자녀의 하나님 신앙으로 이어질 수 있다는 의미이기도 하다.

성경에서 아브라함이 그랬던 것처럼 그 아들 이삭이, 또 이삭이 그랬던 것처럼 그 아들 야곱이 제단을 쌓고 하나님의 이름을 부르는 모습에서 볼 수 있는 것이 바로 그런 '신앙적 전이'이다. 이것은 일종의 무의식적 모방(mimesis)이라고도 볼 수 있다. 그런데 성경에서 한 가지 흥미로운 사실은 이삭이나 야곱의 경우 모두 그들의 아버지가 함께 있지 않은 상황에서 도리어 그런 그들의 하나님 신앙이 더 활성화되었다는 사실이다. 이것은 마치 엄마가 없는 그곳에서 아이의 중간 영역이 더 활성화되는 것처럼 부모의 부재가 자녀에게 하나님 신앙을 활성화하는 '최적의 좌절'(optimal frustration)이 될 수 있음을 시사하는 것이다.

5. 전치된 욕망

이 책 서장에서 저자는 하나님을 향한 갈망이 인간 무의식 가장 심층에 있는 갈망이라는 전제하에 새로운 기독교 심리학의 모델을 제안했다. 이러한 기독교 심리학에 따르면 사람들의 관계나 행동에서 종종 나타나는 과도한 집착이나 의존, 관계중독, 자기애적 환상 등은 궁극적으로 하나님을 향해야 할 갈망이 다른 인간 대상에게로 전치된 양상으로 볼 수 있다.

그런데 이에 대해 한 가지 오해를 불식시키기 위해 우선 분명히 해야 할 것은 이런 관점이 결코 인간관계 속에서 나타나는 다양한 욕구나 욕망을 모두 원래 하나님을 향한 욕망이라고 환원시키거나 획일시 하는 것은 아니라는 점이다. 이렇게 하는 것은 모든 심리를 성욕으로 환원시키는 것이나 마찬가지로 일종의 환원주의가 될 것이다.

기독교 심리학은 식욕이나 성욕, 인정욕, 자기애적 욕구 등 다양한 인간 욕구들이 저마다의 차원에서 고유성을 가진 서로 다른 욕구들임을 인정한다. 다만 기독교 심리학은 이처럼 서로 다른 욕구들 상호 간의 깊은 유비적 연관성과 전치 가능성을 강조하는 것이다.

여기서 '전치 가능성'이란 예컨대 코헛이 말한 '성화'(sexualization)에서와 같이 중요 인간관계 속에서 좌절된 자기애적 욕구가 성적인 자기과시나 자극 추구 같은 다른 모양의 욕구나 행동으로 전치/변형되어 나타날 수 있다는 의미이다. 물론 다시 말하지만 인간의 성욕과 자기애적 욕구는 각각의 고유한 차원과 특성을 지닌, 서로 다른 욕구들이다. 그러나 중요한 인간관계 속에서 좌절된 자기애적 욕구는 성 중독이나 폭식 등과 같이 자신과 타인을 해롭게 할 만큼 비정상적으로 증폭된 다른 종류의 욕망, 행동으로 전치/변형되어 나타날 수 있다.

그런데 이 점은 우리가 종종 사람들의 관계 속에서 발견하는 과도한 집착이나 의존, 우상화 등 역시 마찬가지이다. 기독교 심리학에서 이러한 관계적 왜곡은 궁극적으로 하나님을 향해야 할 대상 욕구가 불완전한 다른 대상과의 관계로 전치되어 나타나는 증상들이라 설명될 수 있다. 만일 이렇게 다른 사람과의 관계로 전치된 욕구가 거듭 좌절에 부딪치면 이번에는 그것이 다시 성(性)이나 음식, 약물 등에 대한 왜곡된 욕망과 행동으로 전치/변형될 수 있다. 결국 이렇게 발생하는 성 중독, 음식중독, 약물중독 등은 기독교 심리학적 관점에서 볼 때 하나님을 향해야 할 욕망이 다른 대상에게로 거듭 전치되고 변형된 현상이라 볼 수 있다.

그러나 거듭 강조하건대 식욕, 성욕, 자기애적 욕구 자체는 병리적이거나 그릇된 것이 아니다. 문제는 그 대상이 하나님의 자리를 차지할 때 발생한다. 다시 말해 왜곡된 욕구나 행동은 사람들이 하나님에게서 찾아야 할 만족을 그런 다른 대상들에게서 찾을 때 일어난다.

역으로 이것이 의미하는 바는 우리가 먼저 하나님을 하나님으로 모시고 그의 사랑과 인도하심을 구할 때 그런 다른 욕구들이 저마다의 자리에서 건강한 질서를 찾을 수 있다는 것이다. 마땅히 하나님에게서 찾아야 할 만족을 하나님에게서 찾을 때 다른 욕구들도 합당한 제자리를 찾을 것이라는 의미이다.

예컨대 성적 만족의 추구는 "분수를 넘어 다른 사람을 해하는"(살전 4:6) 것이 되지 아니하고 도리어 아름답게 하나님의 형상을 나타내는 것이 된다. 음식이 주는 만족 역시 성경의 이삭의 경우처럼 영안(靈眼)을 어둡게 하는 것이 아니라 도리어 영을 살찌게 하고 하나님에게 감사를 돌리는 이유가 될 수 있다.

「뫼비우스의 띠」
마우리츠 에스허르 作

나아가 우리가 종종 금식과 같이 특정 욕구를 절제하는 것은 그 욕구 자체가 부정(不淨)하기 때문이 아니라 그것이 하나님을 향해야 할 우리 마음을 지배할 수 있기 때문이다. 그래서 우리는 그러한 절제를 통해 우리 마음을 온전히 하나님에게로 집중하기에 힘쓴다. 다시 말해 일시적 금욕은 그 욕구 자체를 부정하는 것이 아니라 그것이 건강한 제자리를 찾도록 노력하는 것이다. 이렇게 우리의 욕구와 욕망이 하나님과의 관계에서 건강한 제자리를 찾을 때 그것들은 하나님을 영화롭게 하는 삶의 구성 요소가 될 수 있는 것이다.

6. 심리학, 뒤집어 놓은 영성학

이 책의 결론인 본 장을 우리는 영성과 심리 치료의 관계에 대한 논의로 시작했다. 이제 우리는 이러한 논의를 매듭지음으로써 이 책을 마무리할 때가 되었다. 본 장의 결론은 요약하자면 첫째, 심리학 및 심리 치료가 하나님을 잃어버린 인간 내면의 왜곡된 현실을 드러내고 있다는 것이다.

하나님을 잃어버린 사람들은 하나님이 아닌 다른 대상을 하나님처럼 의지하거나 집착하지만, 그것을 통해 참평안을 얻지 못한 채 도리어 더 깊은 불안에 사로잡히곤 한다. 혹은 사람이 아니라 약물이나 알코올, 감각적 쾌락 등을 과도하게 의존하면서 몸과 마음이 피폐해지기도 한다. 혹은 그들 스스로 하나님처럼 되려는 욕망 때문에 타인뿐 아니라 그들 자신을 기만하면서 그들의 참자기를 잃어버리기도 한다.

심리학은 하나님을 잃어버린 인간의 이처럼 다양한 내적 왜곡상을 하나님을 언급하지 않으면서 다만 현상학적으로 규명하는 이론들이라 할 수 있다. 이런 의미에서 심리학은 '하나님 부재의 인간학'이라 부를 수 있으며, 또한 하나님이 아닌 다른 대상에게서 하나님을 찾는 '영성'을 규명한다는 의미에서 '전치된 영성학'이라고도 이름할 수 있을 것이다.

심리학을 '전치된 영성학' 또는 '뒤집어 놓은 영성학'이라 부를 수 있는 이유는 뿐만 아니라 심리학이 인간 상호 간이나 다른 피조물과 사이에서 우리가 '건강한 관계성'을 형성하는 것이 어떤 것인지 보여 줌으로써 역으로 '하나님의 형상'이 어떤 것인지 시사하기 때문이라고도 할 수 있다.

예컨대 칼 로저스(Karl Rogers)가 강조하는 '무조건적 수용'(unconditional acceptance)은 뒤집어 보자면 하나님의 무조건적인 용서와 사랑이 인간 상호관계 속에서 어떻게 재현될 수 있는지 시사한다고 볼 수 있다.[12] 또한 도널드 위니컷

---

12 Thomas Oden, 『목회 상담과 기독교신학』(*Kerygma and Counseling*), 이기춘 역 (서울: 다산글방, 1999), 11장 참조.

이 강조한 '안아 주는 환경'(holding environment)이나 코헛이 강조하는 '공감적 자기대상'(empathic selfobject) 기능 역시 하나님이 우리에게 그러하심 같이 서로의 존재가치를 반영해 주며 서로에게 안정과 소속감을 부여하는 인간 상호 간의 역할이 어떤 것인지 시사해 준다. 에릭 에릭슨이 성인의 발달적 과제로 설명하는 '상호 친밀감'이나 '생산성'(generativity), '돌봄' 같은 개념들 역시 그리스도를 닮아 가는 성숙한 신앙인의 삶이 어떤 삶인지 우리에게 말해 주는 개념들이라 할 수 있다.

물론 이 같은 개념들은 원래 기독교 신앙과는 직접적으로 무관하게 일반심리학의 맥락에서 형성, 발전된 개념들이다. 그러나 앞에서 소개한 바르트의 기독론적 인간론에 입각할 때 이처럼 심리학이 이야기하는 치유적 인간관계는 그리스도께서 우리 가운데 오셔서 보여 주신 '인간성의 회복'이 어떤 것인지 '역으로' 이야기해 주는 것이라 할 수 있다.

바르트에 따르면 하나님은 우리에게 당신을 항상 직접적이 아니라 간접적으로, 즉 하나님 아닌 다른 이차적 대상들을 통해 나타내신다.[13] 그런데 이렇게 하나님이 우리에게 당신을 나타내시기 위해 사용하는 이차적 대상은 성경이나 기타 종교적 상징물 등일 수도 있지만, 또한 우리에게 중요

---

13 Barth, 『교회교의학』 II/1, 58-59.

한 다른 사람들일 수도 있다.

앞 장에서 우리는 하나님이 우리의 영아기로부터 우리에게 중요한 다른 사람들—특히 부모—을 통해 우리에게 당신의 얼굴을 나타내신다는 점에 대해 생각해 보았다. 유아기의 아이들은 또한 위니컷이 중간 영역이라고 지칭한 그들 내면의 창조적 공간에서 그들의 상상력을 통해 하나님을 형상화하기도 한다. 그런데 이렇게 아이들이 형상화하는 하나님 역시 아이들이 그 부모를 위시한 중요 타인들의 경험에 기초해서 만들어 내는 내적 대상이라는 점에서 기본적으로 인간 경험의 산물이다.

이처럼 인간관계의 경험이 우리가 하나님을 알아 가기 위한 중요한 매개나 통로로 작용하는 것은 비단 유아기뿐 아니라 성인기 이후에도 마찬가지이다. 물론 성인기의 우리는 주로 성경 지식이나 교회 메시지, 신학 등을 통해 하나님이 어떤 분이심을 이해하게 된다. 그러나 이럴 때조차도 우리의 하나님 이해는 계속해서 보이지 않게 우리가 이때껏 가져온 중요한 인간관계 경험에 지대한 영향을 받게 된다.

예컨대 우리가 예수께서 "내 아버지 곧 너희 아버지"(요 20:17)라고 하신 말씀을 성경에서 읽을 때 우리는 그 '아버지'라고 하는 단어 속에서 자기도 모르게 우리 육신의 아버지와 그에 대한 감정을 떠올리게 된다. 리주토, 마이스너, 리 커크패트릭(Lee A. Kirkpatrick) 등의 심리학자는 꾸준히 이 같은 우리의 무의식적 대상과 하나님 이해의 상호 작용에 대해 이야기해 왔다. 심리학이 이처럼 인간 내면에 작용하는 '하나님'을 규명하고 있다는 의미에서 우리는 이런 심리학을 멀 조던(Merle Jordan)의 용어를 따라 '작용적 신학'(operational theology)이라 부를 수도 있을 것이다.[14]

그런데 기독교적 관점에서 심리학은 단지 내면의 하나님 상만 아니라 그것을 통해 일어나는 하나님의 영과 인간의 영 사이의 상호 작용을 규명하는 학문이라는 의미에서 '작용적 영성학'이라 부르는 것이 더 타당할 것이다.

본서는 이렇게 지금까지 몇몇 주요 심리학자를 중심으로, 혹은 몇 가지 중요한 심리학적 주제를 중심으로 심리학이 규명해 온 하나님의 영과 인간 심리 사이의 상호 작용에 대해 논의해 보았다. 심리학은 물론 명시적이 아니라 다만 암묵적으로 이 같은 양자의 상호 작용에 대해 이야기한다. 때문에 본서는 심리학이 그 같이 암묵적으로 이야기하는 것들을 읽어 내기 위해 기독교적 관점에서 그 심리학 이론들을 '뒤집어 읽는' 방식을 취해 왔다.

만일 본서의 이러한 뒤집어 읽기가 유의미한 일이었다면 그것은 곧 지금까지 발전해 온 심리학이 비록 '영'의 실

---

[14] Merle Jordan, 『신들과 씨름하다』(*Taking on the Gods: the Task of the Pastoral Counselor*), 권수영 역 (서울: 학지사, 2011), 23.

재를 명시적으로 인정하지 않더라도 암묵적으로 그러한 하나님의 영과 인간 사이의 상호관계에 대해 이야기하는 학문이라는 것을 의미한다. 바로 이 같은 의미에서 우리는 심리학을 '암묵적 영성학'(implicit spirituality)이라 부를 수 있을 것이다. 혹은 위에서 이미 말한 것 같이 '뒤집어 놓은 영성학'이라 부를 수 있을 것이다.

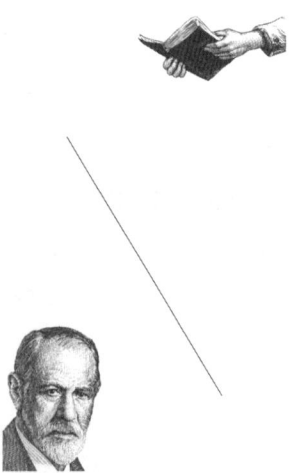

참고 문헌

김인곤. "플라톤 국가" 『철학사상』 별책 제3권 8호. 서울: 서울대학교 철학사상연구소, 2004.

맹정현. 『프로이트 패러다임』 서울: SPF위고, 2015.

선한용. 『어거스틴의 고백록』 서울: 대한기독교서회, 2003.

이만홍·황지연. 『역동심리 치료와 영적 탐구』 서울: 학지사, 2007.

이무석. 『정신분석에로의 초대』 서울: 이유, 2006.

홍이화. 『하인즈 코헛의 자기심리학 이야기 I』 서울: 한국심리치료연구소, 2011.

Barth, Karl. "Ludwig Feuerbach." In Karl Barth and Thomas F. Torrance, *Theology and Church: Shorter Writings 1920-1928*. New York, NY: Harper & Row, 1962.

_____. 『교회교의학』(*Die Kirchliche Domatik*) II/1, 황정욱 역. 서울: 대한기독교서회, 2010.

_____. 『교회교의학』(*Die Kirchliche Domatik*) III/2, 오영석·황정욱 역. 서울: 대한기독교서회, 2017.

_____. 『교회교의학』(*Die Kirchliche Domatik*) III/4, 박영범·황덕형 역. 서울: 대한기독교서회, 2018.

_____. 『교회교의학』(*Die Kirchliche Domatik*) IV/2, 최종호 역. 서울: 대한기독교서회, 2012.

Bellinger, Charles K. *The Genealogy of Violence: Reflections on Creation, Freedom, and Evil*. New York, NY: Oxford University Press, 2001.

Capps, Donald. "Erik H. Erikson's Young Man Luther: A Classic Revisited." *Pastoral Psychology* 22. 2013.

Carr, E. H. 『역사란 무엇인가?』(*What is History?*), 다문독서연구회 역. 서울: 다문, 1991.

Costello, John E. *John Macmurray; A Biography*. Edinburgh: Floris Books, 2002.

Covington, Coline and Wharton, Barbara eds. *Sabina Spielrein: Forgotten Pioneer of Psychoanalysis*. New York, NY: Brunner-Routledge, 2003.

Erikson, Erik. 『유년기와 사회』(*Childhood and Society*), 송제훈 역. 서울: 연암서가, 2014.

_____. *Life Cycle Completed*. New York, NY: W. W. Norton, 1998.

_____. *Toys and Reasons*. New York, NY: W. W. Norton & Company, 1977.

_____. 『청년 루터』(*Young Man Luther: A Study in Psychoanalysis and History*), 최연석 역. 서울: CH북스, 2000.

Evans, Dylan. 『라깡 정신분석 사전』(*An Introductory Dictionary of Lacanian Psychoanalysis*). 김종주 외 역. 서울: 인간사랑, 1998.

Fairbairn, W. R. D. "Psychotherapy and the Clergy." In David E. Scharff and Ellinor Fairbairn eds. *From Instinct to Self: Applications and early contributions*. New York: J. Aronson, 1994.

_____. "The Repression and the Return of Bad Objects." *British Journal of Medical Psychology*. Vol.19. 1943.

_____. W. R. D. *Psychoanalytic Studies of the Personality*. 『성격에 관한 정신분석학적 연구』. 서울: 한국심리치료연구소, 2003.

Fink, Bruce. *The Lacanian Subject: Between Language and Jouissance*. Princeton, NJ: Princeton University Press, 1995.

Foucault, Michel. 『말과 사물』(*Les mots et les choses*), 이규현 역. 서울: 민음사, 2012.

_____. 『성(性)의 역사 1: 지식의 의지』(*L'Histoire de la sexualité : la volonté de savoir*), 이규현 역. 서울: 나남신서, 2015.

Fowler, James. 『신앙의 발달 단계』(*Stages of Faith*), 사미자 역. 서울: 한국장로교출판사, 1987.

Freud, Sigmund. 『끝이 있는 분석과 끝이 없는 분석』(*Die endliche und die unendliche Analyse*), 임진수 역. 서울: 열린책들, 2005.

_____. "나르시시즘에 관한 서론"(Zur Einführung des Narzissmus). 『무의식에 관하여: 프로이트 전집 13』(*Das Unbewußte*), 윤희기 역. 서울: 열린책들, 1997.

_____. "레오나르도 다빈치의 유년의 기억", 『예술, 문학, 정신분석: 프로이트 전집 14』(*Eine Kindheitserinnerung des Leonardo da Vinci*), 정장진 역. 서울: 열린책들, 2004.

_____. 『새로운 정신분석 강의: 프로이트 전집 2』(*Neue Folge der Vorlesungen zur Einführung in die Psychoanalyse*), 임홍빈 역. 서울: 열린책들, 1997.

_____. 『성욕에 관한 세 편의 에세이: 프로이트 전집 9』(*Drei Abhandlungen zur Sexual Theorie*), 김정일 역. 서울: 열린책들, 2003.

_____. 『억압 증후 그리고 불안: 프로이트 전집 12』(*Hemmung, Symptom und Angst*), 황보석 역. 서울: 열린책들, 1997.

_____. "자아와 이드"(Das ich und das es), 『정신분석학의 근본 개념: 프로이트 전집 11』(*Jenseits des Lustprinzips*). 윤희기·박찬부 역. 서울: 열린책들, 2004.

_____. 『쾌락 원칙을 넘어서: 프로이트 전집 14』(*Jenseits des Lustprinzips*), 박찬부 역. 서울: 열린책들, 1997.

_____. 『프로이드 자서전』(*Autobiography*), 차재호 역. 서울: 탐구당, 1989.

_____. "환상의 미래"(Die Zukunft einer Illusion). 『문명 속의 불만: 프로이트 전집 15』(*Das Unbehagen in der Kultur*), 김석희 역. 서울: 열린책들, 1997.

Gallucci, Gerard M. *Plato and Freud: Statesmen of the Soul.* Bloomington, IN: Xlibris Corp, 2001.

Gomez, Lavinia. 『대상관계 이론 입문』(*An Introduction to Object Relations*). 김창대 외 공역. 서울: 학지사, 2008.

Greenberg, Jay and Mitchell, Stephen. *Object Relations in Psychoanalytic Theory.* Cambridge, MA: Harvard Univ. Press, 1983.

Helminiak, Daniel A. *Spiritual Development: An Interdisciplinary Study.* Chicago, IL: Loyola University Press, 1987.

Hoffman, Marie T. and Hoffman, Lowell W. "Religion in the life and work of W. R. D. Fairbairn." In Graham S. Clarke and David E. Scharff eds. *Fairbairn and the Object Relations Tradition.* New York, NY: Routledge, 2014.

James, William. 『종교적 경험의 다양성』(*The Varieties of Religious Experiences*), 김재영 역. 서울: 한길사, 2000.

Jameson, Fredric. 『정치적 무의식』(*The Political Unconscious*). 이경덕·서강목 역. 서울: 민음사, 2015.

Jordan, Merle. 『신들과 씨름하다』(*Taking on the Gods: the Task of the Pastoral Counselor*), 권수영 역. 서울: 학지사, 2011.

Jung, C. G. *Answer to Job: Collected Works of C. G. Jung* 11. Princeton, NJ: Princeton Univ. Press, 1975.

_____. *Freud & Psychoanalysis: Collected Works of C. G. Jung*. Vol. 4. R. F. C. Hull tr. New York, NY: Routledge, 1989.

_____. *Memories, Dreams, Reflections*. New York: Vintage Books, 1989.

_____. 『상징과 리비도: 융 기본저작집 7』(*Symbole der Wandlung*). 한국 융 저작 번역위원회 역. 서울: 솔, 2005.

Kernberg, Otto F. 『대상관계 이론과 임상적 정신분석』(*Object Relations Theory and Clinical Psychoanalysis*). 이재훈·양은주 공역. 서울: 한국심리치료연구소, 2003.

King, Pearl and Steiner, Riccardo eds. *The Freud-Klein Controversies 1941-45*. New York, NY: Routledge, 1991.

Kohut, Heinz. 『정신분석은 어떻게 치료하는가?』(*How Dose Psychoanalysis Cure?*), 이재훈 역. 서울: 한국심리치료연구소, 2007.

Kuhn, Thomas. 『과학혁명의 구조』(*The Structure of Scientific Revolutions*). 김명자·홍성욱 역. 서울: 까치글방, 2013.

Leavy, Stanley A. "A Pascalian Mediation on Psychoanalysis and Religious Experience", *Cross Currents*. Vol. 36, No. 2. 1986.

Loder, James. 『신학적 관점에서 본 인간발달』(*The Logic of the Spirit*), 유명복 역. 서울: CLC, 2006.

_____. 『종교 체험과 삶의 변환』(*The Transforming Moment*), 김성민 역. 서울: 한국신학연구소, 2001.

Macmurray, John. *Persons in Relation*. Atlantic Highlands: Humanities Press, 1991.

May, Gerald. 『영성 지도와 상담』(*Care of Mind Care of Spirit*), 노종문 역. 서울: IVP, 2006.

McCarroll, Pam, O'Connor, Thomas, and Meakes, Elizabeth. "Assessing plurality in Spirituality Definitions." In A. Meier et al eds. *Spirituality and Health: Multidisciplinary Explorations*. Waterloo: Wilfrid Laurier Univ. Press, 2005.

Meissner, William W. *The Ignatius of Loyola: A Psychology of a Saint*. New Haven, CT: Yale University Press, 1990.

_____. "The Role of Transitional Conceptualization in Religious Thought." In Joseph H. Smith and S. A. Handelman eds. *Psychoanalysis and Religion*. Baltimore, MD: The John Hopkins University Press, 1990.

Moltmann, Jürgen. 『생명의 영』(*Der Geist des Lebens*), 김균진 역. 서울: 대한기독교서회, 1992.

Muckenhoupt, Margaret. *Sigmund Freud: Explorer of the Unconscious*. New York: Oxford University Press, 1997.

Oden, Thomas. 『목회 상담과 기독교신학』(*Kerygma and Counseling*), 이기춘 역. 서울: 다산글방, 1999.

Pannenberg, Wolfhart. *Anthropologie in theologischer Perspektive.* Matthew J. O'Connell tr. *Anthropology in Theological Perspective.* New York: T&T Clark International, 1985.

Plastow, Michael Gerard. *Sabina Spielrein and the Poetry of Psychoanalysis: Writing and the End of Analysis.* New York: Routledge, 2019.

Price, Daniel J. *Karl Barth's Anthropology in Light of Modern Thought.* Grand Rapids, MI: Eerdmans, 2002.

Rizzuto, Ana-Maria. 『살아 있는 신의 탄생』(*The Birth of the Living God*). 이재훈 외 역. 서울: 한국심리치료연구소, 2000.

Rosfort, René, Grøn, Arne, and Söderquist, K. Brian eds. *Kierkegaard's Existential Approach.* Boston, MA: CPI Books, 2017.

Scharff, David E. and Scharff, Jill Savege. 『대상관계 부부치료』(*Object Relations Couple Therapy*), 이재훈 역. 서울: 한국심리치료연구소, 2003.

Segal, Hanna. 『멜라니 클라인: 멜라니 클라인의 정신분석학』(*Klein*), 이재훈 역. 서울: 한국심리치료연구소, 1999.

Segal, Julia. 『멜라니 클라인』(*Melanie Klein*), 김정욱 역. 서울: 학지사, 2009.

Selesnick, Sheldon T. "Alfred Adler: The Psychology of the Inferiority Complex." In Franz Alexander, Samuel Eisenstein, and Martin Grotjahn eds. *Psychoanalytic Pioneers.* London: Transaction Publishers, 1995.

Shafranske, Edward P. "God-respresentation as the object." in Mark Finn and John Gartner eds. *Object Relations Theory and Religion.* Westport, CO: Praeger, 1992.

Siegel, Allen. 『하인즈 코헛과 자기심리학』(*Heinz Kohut and the Psychology of the Self*), 권명수 역. 서울: 한국심리치료연구소, 2002.

Simon, Josef. "Nitsche and Judaism and Europe." In Jacob Golomb eds. *Nietzsche and Jewish Culture*. New York, NY: Routledge, 2001.

Smith, James. 『하나님 나라를 욕망하라』(*Desiring the Kingdom*), 박세혁 역. 서울: IVP, 2016.

St. Clair, Michael. 『대상관계 이론과 자기심리학』(*Object Relations and Self Psychology*), 안석모 역. 서울: 센게이지러닝, 2010.

Tillich, Paul. *Systematic Theology Vol. 2: Existence and the Christ*. Chicago: The University of Chicago Press, 1957.

Ulanov, Ann and Ulanov, Barry. 『기도의 심리학』(*Primary Speech: A Psychology of Prayer*), 박성규 역. 서울: 은성, 2013.

Winnicott, Donald. 『놀이와 현실』(*Playing and Reality*), 이재훈 역. 서울: 한국심리치료연구소, 1997.

_____. 『소아의학을 거쳐 정신분석학으로』(*Through Pediatrics to Psycho-Analysis*), 이재훈 역. 서울: 한국심리치료연구소, 2011.

Wisdom, John O. "Fairbairn's contribution on object-relationship, splitting, and ego structure." *The British Journal of Medical Psychology*. Vol. 36. 1963.

Zock, Hetty. *A Psychology of Ultimate Concern: Erik H. Erikson's Contribution to the Psychology of Religion*. New York, NY: Rodopi, 2004.